大学新疏
大学略释

王恩洋 著

四川文艺出版社

图书在版编目（CIP）数据

大学新疏·大学略释 / 王恩洋著. —成都：四川文艺
出版社，2021.12
ISBN 978-7-5411-6214-5

Ⅰ. ①大… Ⅱ. ①王… Ⅲ. ①儒家 ②《大学》—研究 Ⅳ.
①B222.15

中国版本图书馆CIP数据核字（2021）第242580号

DAXUEXINSHU；DAXUELUESHI

大学新疏·大学略释

王恩洋　著

出 品 人　张庆宁
策 划 人　燕啸波　谢信步
责任编辑　王思鋐　叶　驰
封面设计　叶　茂
内文设计　史小燕
责任校对　文　雯
责任印制　崔　娜

出版发行　四川文艺出版社（成都市槐树街2号）
网　　址　www.scwys.com
电　　话　028-86259287（发行部）　028-86259303（编辑部）
传　　真　028-86259306

邮购地址　成都市槐树街2号四川文艺出版社邮购部　610031
印　　刷　成都东江印务有限公司
成品尺寸　130mm×185mm　　开　本　32开
印　　张　4　　　　　　　　　字　数　50千
版　　次　2021年12月第一版　印　次　2021年12月第一次印刷
书　　号　ISBN 978-7-5411-6214-5
定　　价　32.00元

大学新疏·大学略释

大学新疏

严立三先生寄来大学考释。其游成都时所作也。考据精详，议论宏深。实出汉宋明清诸儒之上。正学消沉，空谷足音，欣慰为何如！其考据之要曰：朱子之补大学误也，大学文义自足，不须补也。阳明子之全复古本亦误也，实有错简也。错简云何？曰："诗云瞻彼淇澳至大畏民志此谓知本"一大段，误在诚意章之后。原本应在"其所厚者薄而其所薄者厚未之有也"之下，在"此谓知本此谓知之至也"两句之前也。考古简长短字数多少，以每简二十五字为准，则大学至大学之道至而其所薄者厚未之有也共二百零五字，恰为八简。自此谓知本此谓知之至也至故君子必诚其意共一百二十八字，恰为五简。又自诗云瞻彼淇澳至大畏民志此谓知本共二百九十九字，恰为十二简。每简以中数二十五字计算，或多或少，均不过一字之差，殊属巧合云云。较之程朱之所谓错简者，此为最合理，而彼之出入太大。倘从严先生之所审定而还其旧，则文义俱顺矣。

严先生之对本书义理之辨说，则首在辨宗。彼躬耕庐山时，曾作大学辨宗一书，今此所论，益加详焉。辨宗如何？曰：中夏学说不外三宗，且古今中外亦不过是。曰礼、曰性、曰玄，隆礼由礼，起伪化性者为礼宗；荀子为其代表。忠恕絜情，人我一体者为性宗；孟子为其代表。忘情无为，绝圣弃智者为玄宗；老庄为其代表。礼宗重礼，所以节情制欲，规矩绳墨以入于正者也；其说原于性恶。性宗重仁，本情以及物，扩而大之，则人皆可以为尧舜，仁义礼智非由外铄，不待隐栝以为仁，不待刑僇以治世；其道原于性善。玄宗重道，道者无为而自然，绝弃人为，则反于浑朴无名之本。无为自化，清静自正，仁义礼乐均无所于施；其说由于去人伪而反于天也。大学者、性宗之学，非玄礼之学。然性礼玄三家之学，虽过量之人，未尝不可以融摄而互容；不及量之人，则不免牵杂而相乱。朱子之补格致，以礼宗之学而乱性宗者也。阳明子之以致良知释致知，且神其说而过，则复入于玄。大学本义之不明，实宗义之不明也。严先生于是一本性宗之论以释大学。其意曰：大学者絜情求仁之学也，仁者以天地万物人我为一体，只因形躯之隔而有物我之分。然此性情，感物而通；通斯应，视人如我，视国如家，则必思所以利安之者，故己所不欲则勿施，己欲立达而立达人。禹稷之视天下饥溺犹己饥溺。孔子吾非斯人之徒与而谁与。此物此志也。曾子得夫子忠恕一贯之传，至孟子并明斯学。曾子之后有纯儒者，乃总其大旨，纲举目张，作大学一书。首立三纲，次举八目。曰在明明德，在亲民，在止于至善，犹曰大学之道在明明德，明明德则在亲民，亲民则在止于至善；至善也者，可欲之谓善，宽和仁恕，济人利物之情是也。知止至善，则静定安虑而有得矣。古之欲明明德于天下者以下，则平治齐修正诚致格之八目。此八目者，实即三纲而详析之。其归本于致知格物者，物者己之对，格者通之也。知者、感也，属于情，而不属于知虑。致也者，至也，极也。极尽吾之情以通物之情，人己通而一体全，便是求仁之学，便是至善，便可以亲民，而明明德于天下。故三纲八目，先后始终一贯。求仁之学，如是而已矣。

如右所言，虽不足以罄原书之万一。要其旨归，实以此为中心。盖自来言大学者，其纷争之点，皆集中于格物致知，其叛宗乱宗，亦无不在此格致之一事。今既一本性宗以立说，而释知为情、物为人，则顺是而扩充之，以至善为根本，以明明德于天下为极量。则一切支离之说，似是之谈，皆得以止息。而求仁作圣之功，亦至易简而直截矣。严先生之言盖如此。

吾于严先生之论最赞同其考订错简，亦赞同其性宗絜情求仁之说。大学之宗旨，实为絜情求仁也。但吾亦有不能不异于严先生者，则以性善之说应有范围；而求仁之功实至繁密，不可单言易简。以是三纲八目虽实一贯，既然已三纲之而八目之矣，则必各有其体用之不同，当著其不同之点，然后彼此互成之功用始见矣。又复当知：虽性礼玄三宗有别，然性宗自亦必具玄礼之用。知仁勇三者，天下之达德也。三者不备，则尽性絜情之功亦不尽也。吾幼年读书铁峰，曾作大学释，于龟山作儒学大义时，曾作大人之学章，对宋明儒者颇多纠正。今得严先生书，考订既正，宗义复明，喜何如也！然既有不能尽同，因复更为疏释如左，或有足以补足严先生之意耶，亦俟教耳。

大学之道，在明明德，在亲民，在止于至善。

大学之道，学为大人之学之宗旨方法也。此之大人，古有二义：一者圣贤，二者君师。圣以德，君以位，然唯仁者宜在高位，则唯圣人可以为天下君。大学者，学为圣也，学为君也，学为长也，学为师也。学之性质如是，故其宗旨方法有如次之三纲也。明德者，人生本具而共有之善性。若知若仁若勇皆是也。在中庸称为三达德。明言其净，顺应伦理而不谬；达言其历事变而皆通。人之所以沉迷颠倒作诸不善者，亦无明德以主之也。上一明字充实而光大之也。盖明德虽具，亦必有学养成熟之功，始能充实而有力；光大而无量。否则，虽有美玉，不琢不成器，虽有美质，不学不知道。故贵明之也。在亲民者，与我共生息于天地之人，内之父子兄弟，外之朋友国人，皆所谓民。或居君师之位所治化之人也。亲之者，爱之而劳，忠焉而诲，己立而立，己达而达，情同一体，美恶与共，是为亲民也。明明德，立其本也。亲民，效其用也。云何著见其明德？于亲民而见之也。以何而亲民？以明德仁智而亲之也。此二者虽一事而不可分。然有偏而失序者，则非至善。所谓偏而失序者：如原宪之以克伐怨欲不行为仁。此偏于明明德而忘亲民者也；如子贡之以博施济众为仁，此偏于亲民而忘明明德者也。皆非至善也。不先明其明德，而骛于亲民，舍其身家之疾不问，蒿目以忧天下，此失先后之序者也。急其后者，失本者也。竟无其后焉，自了者也。则虽有明明德亲民之志，而不能止于至善也。故为大人之学者，明德亲民既定其宗旨，止至善又定其方法也。

知止而后有定，定而后能静，静而后能安，安而后能虑，虑而后能得。

知为学之方（至善）而止之者，率循有定，而志不迁，则能定也。志定则意念不纷而能静；静则惑恼寂静而心安；安则明智发生而能虑；虑则行践皆当而能得。

子曰吾十有五而志于学，知所止也；三十而立，定也；四十而不惑，静而安也；五十而知天命乃至耳顺从心不逾矩，则虑而得也。盖趋向正者（知止）操守严（定静），心定静者明慧生（安虑）。明慧生者见当理而行当情，爱人而人亲，治人而人治，礼人而人答，过化存神之妙，家齐国治而天下平焉。此则所谓得也。岂凭血气之性一向之情以明德亲民者所能为哉！甚言明明德亲民之效，其功夫唯在于止至善也。

然则所谓至善者何耶？

物有本末，事有终始，知所先后，则近道矣。

本末终始，先后之序，知之明而行之顺，则近于道。如人还乡，方向不迷，步步向前，则日近其乡。近道之云，知止而终止之也；一物有其本末，植其本而枝叶扶苏；一事有其终始，善于始而结果圆满。此常理

也。明明德亲民至善之道，亦复如是。故

> 古之欲明明德于天下者，先治其国；欲治其国
> 者，先齐其家；欲齐其家者，先修其身；欲修其身
> 者，先正其心；欲正其心者，先诚其意；欲诚其意
> 者，先致其知。致知在格物。

自此以下，正显止至善之道也。古之欲明明德于天
下者，举古之圣帝明王以为范也。往圣如是，后圣亦必
如是也。明明德于天下一语，盖合明明德亲民两事以为
言。自明其明德，明明德也。使天下之民皆明其明德，
则亲民也。盖以至德行至道，感化兴起，天下皆明其明
德焉。此之谓明明德于天下也。欲也者，行未至，德未
至，道未至，而心向往之之词。所谓希望，所谓志愿是
也。欲明明德于天下者，大人之志，圣人之志也。志不
在己一人而在天下，量之宏也。不徒饮食生养天下，而

欲天下之共兴于仁让、咸明具明德，愿之伟也。此所以为大人圣人之志也。嗟夫！宇宙茫茫，群生藉藉，沉迷颠倒，猖狂妄为，由恶业而起纷乱；由纷乱而招苦恼。小之则有饥寒困迍之忧，大之则成杀僇丧亡之祸。总求其故，皆天下之人不明其明德，唯从其私欲贪残如佛法之所谓烦恼者是行是务。有己无人，有利害无道义，此国之所以不治，天下之所以不平，而祸乱相寻、苦忧相续者也。仁人君子，有视民如伤之心，则必有奋然拔救之志。拔救之道，则明明德于天下是也。苟明德明于天下，人崇德义，家充孝慈，国兴仁让，四维既立，五常以正，天下之人皆有士君子之行，则祸乱乌从而起，忧苦自得屏除矣。此明德亲民之效也。虽然，如斯宏愿大业，是岂崇朝而致起念即办者哉！盖必立其本也。孟子曰：天下之本在国，国之本在家，家之本在身。苟不从小处近处本源处做起，务广而荒，必无成功也。故曰古之欲明明德于天下者，先治其国；欲治其国者，先齐其家；欲齐其家者，行修其身。此从小处近处本源处做起也。小处易为力，近处情更亲。本源者末流之所从生，仪型既立，表范既成，以德化人，相感而化，则不待令而自行，不待刑而自禁矣。故明明德之功，虽以天下为其极量；而明之之道，则必以修身为其始基。修身既为平治之始基，则何以更有正心诚意致知格物之功夫耶？

曰：此正修身之道也。盖身之所以不修者，以其心之有不正也；故必心正而后身始修。心之所以不正者，以其意之有未诚也；故必意诚而后心始正。意之所以有不诚者，以其知之有不至也；故必知至而后意诚。知必有所知，则物是也；故致知在格物。此四者皆修身之功，所以齐治均平者也。夫然，故对于身心意知物五者之义，及夫修正诚致格之之功，不可不先得正解也。今谓大人之事业，拨乱反治之功也。圣贤之学问，转愚不善以归于贤善之学也。故凡言平天下者，必其天下之本不平，或恐其趋于不平者也；言治国齐家，必其国其家之本有未治未齐，或恐其趋于不治齐者也；言修身正心者，必其身之本有未修，心之本有未正，或戒慎恐惧其或有不修不正者，而须有以修之正之也。于此故吾人不可对自身看得太完全；而必勤求其过。对心性不可看得太善；而必知其有不善者存。而后修正之义有可言。身也者，言语行动之所由作，而以施夫人群者也。所谓修不修者，率视此言行举止动作威仪以为衡；不关夫血气之盛衰，肢体之完缺。故修身之身乃行为之身，而非肢体之身也。言行发于本身，因以名焉耳。修之云者，言有物而行有则，忠信笃敬，质直好义，敦厚崇礼，孝慈和顺，而无有夫虚妄猖狂贪鄙残暴，不敬不顺以辱于己而损夫人者，斯之谓修。否则身不修矣。古谓经明行修。身修云者行修也；修身云者修其行也。言语行动虽发于身，而所以司此言语行动之善恶者，则心也。心也者，统合知觉、情感、意志以为名。具有善恶无记之三性。仁义礼智信五常四端所谓善也；贪鄙残暴愚妄诈伪所谓恶也；自余饮食之欲，男女之情，工巧之慧，无损益于自他，而为生理生活等方面必要或不必要之性，此与生物禽兽等共有而不可分其善恶者，则无记也。孟子曰：人之所以异于禽兽者几希，庶民去之，君子存之。又曰：食色性也，唯圣人然后可以践形。孟子言性善，亦但就此异于禽兽之几希者言。食色之性不得谓之善也。若夫如荀子之所谓恶者，亦不能谓非常人所共有。极端言之，则皆过而与事实不符。故吾人唯当承认人性复杂，善恶俱存。既善恶之俱存，故其生于心者有正有不正，发于行也遂有修有不修。欲求心之正则惟有扩充长养此几希之善，使之纯一不已，则不善损伏而心正，而身修矣。如此正心之功，即所谓克己复礼。为善去恶当如何下手？曰：诚意而已。所谓意者，即志愿也。孟子曰：志、气之帅也；气、体之充也；志至焉，气次焉；故曰持其志毋暴其气。王子垫问曰：士何事？孟子曰：尚志。曰：何谓尚志？曰：仁义而已矣。夫心既善恶杂而求其纯，纯之之功，唯在于意。意者，所以统帅全心而一其趋向者也。然此意也随人以不同。小人为利，君子为义。今此大人之学，其志为何？曰：即欲明明德于天下而已矣。是故大人之志，乃纯善而无丝毫之不善者也。心杂故有须乎正。意无不善，则更无用乎正之，唯求其诚而已矣。诚也者，恳挚纯笃，而不使有丝毫之或浮伪。精进自强，而不使有须臾之或间息。谨于言行，慎于幽独，表里精粗无不一贯。如此则内心常有主，不善自莫能干，操守常定，而心自正矣。然此意将如何乃能诚耶？曰：致其知而已矣。知也者，心之明慧，所以应万事而司其抉择者也。盖家国天下之齐治平否，唯知知之；如何齐之治之平之，亦唯知知之。身心意之是否修正与诚，唯知知之；如何修之正之诚之，亦唯知知之。乃至此知之至与未至，如之何致，亦唯知知之。致也者，充其力，效其能，而实致其用者也。充其力者，扩充长养此知之体。效能致用者，即以此知见之行事，使尽其才者也。如之何以致知耶？曰：在格物而已矣。此之物字，范围最广。凡知之所及，皆是物也。人、物也，心、物也，事、物也。则天下国家身心皆物也。盖致知必有所缘之境，所致之处，则皆物也。格也者？察其实也，究其理也，通其情也，审其势也，举措施为，皆当其宜而合乎义。明于庶物，察于人伦，使万事皆得其所也。是即正修齐治均平之全功也。如此以格物，即所以致其知矣。于此有难：

自欲明明德于天下，至必先修其身，次第由远以及于近也。由欲修其身至必诚其意，则次第由外以入于内矣。自欲诚具意者先致其知，致知在格物，而物为天下国家身心之全称，格为正修齐治均平之全功，岂不复由内以及外由近以及远乱先后之序失总别之分耶？曰：此圣贤之学，所以为精深而博大也。盖诚意也者，即诚其欲明明德于天下之志，亦即诚其欲治其国、欲齐其家、欲修其身、欲正其心之志。唯此意志之诚与未诚，不可徒于意上见，而必于事上有以征其实也。子曰：爱之能勿劳乎，忠焉能勿诲乎。诚于孝者，必有以体察父母之情；必有以安顺父母之心；必有以喻父母于道；必有以远父母于危。体察安顺之功，喻道远危之行，此则所谓致其知也。致知也者，穷其知之所及，尽其力之所能，实有以见诸行事也。通其情达其理而实见诸行事，则所谓格物也。事亲如是，交友亦然；齐家治国平天下皆然；修身正心亦然。岂可不实致其知能以加乎事物，穷其理而践其行，成其事而见其功，而可徒然以诚其意者哉。故真能诚意者必先致知格物以见其实践躬行之效也。致知格物，一面既总包正修齐治均平之功。阳明所谓致吾之知以格物，使物之不正者皆归于正是也。一面复含即物穷理之意。将欲格彼物者，岂可于彼物理茫然无所知乎？将欲以身任家国天下之重者，岂可不储才藏器以待时而有为哉！故如吾之所谓致知格物者，实包括阳明晦庵之说而无所不通。亦必如此乃可实成大学之道，而无支离空洞之失也。若夫先后之序，此亦不违。了知天下国家身心本末之序者，即依此之序以致其知而格其物焉可也。亦不违总别之分。盖总中有别，所谓格致者，固随时随地以致其力，固不能一时而顿格一切物，致一切知也。所谓集义是也。别中有总，正心即修身之功夫，乃至治国即平天下之始业。宁非一事哉！盖格物致知者诚意之实功，即所以效其正修齐治均平之用者也。是故离格致即正修齐治均平为托空言；而离正修齐治亦更无致知之地无可格之物也。是以诚正修齐治均平皆各分段别释，而此格致独无别释者也。朱子不了知此，必以为传文有失。然则大人之学岂离天下国家身心以外尚有别物别理；离正修齐治均平之外尚有别事别知之待致待格；如今之自然科学天文地理数理物理者之当学哉！支离无归，博而寡要，固其所也。然若以致知之知属良知、属情感，而非明慧知能；则亦无以见学问思辨之功，修齐治平之用，亦未为得也。

物格而后知至；知至而后意诚；意诚而后心正；心正而后身修；身修而后家齐；家齐而后国治；国治而后天下平。

格物者，致吾之知以格彼。物格者，我知既致而彼格也。孟子曰：爱人不亲反其仁，治人不治反其智，礼人不答反其敬。爱人治人礼人者，致吾之仁智礼敬（即知）以格物。不亲不仁不答者，我知未至而彼物不格也。若天爱人而人亲、治人而人治、礼人而人答，感通变化，格物而物格矣。物格然后有以见吾知之已至。盖仁智既尽，礼敬无违，即此而见其意之诚焉。盖精诚所至，金石为开。未有不诚而能尽其知而感格乎物者也！意诚矣，一志不懈，举念无失。心乌有不正者乎？心正则妄心不生，非礼勿动，而行修矣。行修则表范既立，不令而行；亲爱贱恶，合情顺理。家有不齐者乎？家齐则可以教国；国治则可以表正万国，抚绥四方，弱小者怀其德，强大者畏其威，强不胁弱，众不暴寡，祸乱不兴，杀伐无有，人各安其生而乐其业，缮其性而端其行，礼义既立，风化以醇，天下遂平，而明德明于天下矣。此则止于至善矣。明德亲民之成功也。大学之道，其效如此。

　　自天子以至于庶人，壹是皆以修身为本。其本乱而末治者否矣。其所厚者薄而其所薄者厚，未之有也！

　　此总束上文，归本于修身也。何以不言正心诚意致知格物为齐治均平之本耶曰：彼皆修身之功夫也。此即孟子所谓天下之本在国，国之本在家，家之本在身之意。孟子又曰：言近而指远者，善言也；守约而施博者，善道也；君子之言也，不下带而道存焉；君子之守，修其身而天下平。人病舍其田而芸人之田；所求于人者重，而所以自任者轻。又曰：大人者正己而物正者也。皆此章之义。本乱则末无由治；身不修，不可以齐家治国平天下也。其所厚者薄而其所薄者厚未之有，此谓人情之施，治化之行，始于近而及于远，孝以事君，弟以事长，慈以使众，上老老而民兴孝，父子兄弟足法而后民法之。于其所厚者厚，则无所不厚；于其所厚者薄，则无所不薄。此人情自然之叙也。故亲亲而仁民，仁民而爱物。故明明德于天下必自修身始，亲民必自孝弟始。否则皆无源之水，无本之木，违理逆情，浮妄而伪，必无成果也。

诗云，瞻彼淇澳，菉竹猗猗，有斐君子，如切如磋，如琢如磨，瑟兮僩兮，赫兮喧兮，有斐君子终不可喧兮。如切如磋者，道学也。如琢如磨者，自修也。瑟兮僩兮者，恂栗也。赫兮喧兮者，威仪

也。有斐君子终不可喧兮者。道盛德至善，民之不
能忘也。诗云，于戏前王不忘，君子贤其贤而亲其
亲，小人乐其乐而利其利，此以没世不忘也。

此下引经反复证明修身为本之义也。淇澳、卫风
诗，美卫武公也。武公有盛德，年九十而好学不厌，德
日进而身日修，故国人美之。淇、水名。澳、隈也。猗
猗、读阿，美盛貌。以淇竹之猗猗，兴起君子之盛德斐
然也。斐、文章显著也。君子、指武公。切以刀锯，琢
以椎凿，皆裁物使成形器也。磋以鑢锡，磨以沙石，治
器便之光泽也。治骨角者，既切而复磋之；治玉石者，
既琢而复磨之。治之有绪，益致其精。君子之问学自修
亦如是。道学，则学问思辩，择理必究其精微；自修，
则省察克治，践履务期其笃实。如斯故瑟兮僩兮，内有
严密武毅恂栗不可夺之操持；赫兮喧兮，外有宣著盛大
可仰慕之威仪也。瑟谓严密，僩谓武毅。赫谓貌之显

赫，喧谓语之喧明也。盖道学既切磋以益精，自修复琢磨以日笃。则持心恂栗，诚信敬慎，故严密而无纤毫之疏失，武毅而无事变可动摇。其著见于外者，其容不改，出言有章，威仪赫喧，万民所望也。如此道盛德至善之有斐君子故使民不能忘之。喧、忘也。下复引周颂烈文之诗于戏前王不忘句，而释其所以使民不能忘者，盖道盛德至善之君子，必有恩德及于民，如周之前王，如文王武王者，修德在身，而泽施天下。使君子贤其贤、亲其亲，各尽其性；使小人乐其乐、利其利，各遂其生。此以没世不忘也。盖修身者，明明德之事，明明德者，其德必及于天下国家，而有以亲其民。有其本，必有其末，自然而不待勉强者也。即以武公之始于道学自修，而终于民之不能忘。以证修身为本义也。

康诰曰：克明德。太甲曰：顾諟天之明命。帝典曰：克明峻德。皆自明也。汤之盘铭曰：苟日新，日日新，又日新。康诰曰：作新民。诗云：周虽旧邦，其命维新。是故君子无所不用其极。

重引书诗，以证修身为本之要。克明德，言文王能自明其德也。顾諟天之明命，畏天命也。常顾念此天之明命，所以惠迪吉、从逆凶、如影响之随形声而无差失者，因以戒慎恐惧，以修省其德焉。明于天命，即能明明德也。克明峻德，言尧之能明大德也。皆自明也者，言所谓克明德乃至克明峻德者，皆主于自明其明德，即是自修其身也。能自修，乃能齐治均平也。日新又新云云者，显修己之切，明明德之无间息，故能日就月将，缉熙于光明也。作新民者，言自既能日新其德，则亦能作起新民，旧染污俗，咸与维新，民皆兴于善也。诗云周虽旧邦其命维新者，言文王克明其德，故能型于寡妻至于兄弟，以御于家邦，由修身故能齐其家、治其国，使国命兴隆，民皆格化，则旧邦之命维新矣。是故君子无所不用其极者，修身明德，日新又新，己德之进益无疆，亲民之功，化人之用，亦昭著而弗已；故尔作起新民，维新邦国。明德亲民，两者皆用其极也。极也者，德之盛，治之隆，到至善之境也。

诗云：邦畿千里，维民所止。诗云：缗蛮黄马，止于丘隅。子曰：于止，知其所止，可以人而不如鸟乎？诗云：穆穆文王，于缉熙敬止。为人君止于仁，为人臣止于敬，为人子止于孝，为人父止于慈，与国人交止于信。子曰：听讼吾犹人也，必也使无讼乎，无情者，不得尽其辞，大畏民志，此谓知本。此谓知本，此谓知之至也。

上节言君子无所不用其极。谓明德亲民之功，极至于至善也。故此即言止至善之要也。诗、商颂玄鸟、小雅绵蛮，大雅文王之辞。邦畿千里维民所止者，王者修明德而行仁义，则四海来同，而民止于邦畿，安止而不迁。民止于仁德也。缗蛮黄鸟止于丘隅者，丘、山丘，高处。隅、方隅，边僻处。既择丘，复止于丘之隅者，就安静，远祸害也。故孔子叹曰于止知其所止。言鸟知择地而止也。可以人而不如鸟乎，则谓人更当知所以止其身也。然则人之所当止者何钦？曰：明德亲民之善道耳。诗云穆穆文王于缉熙敬止，深远肃静曰穆穆，缉谓继续而不息，熙谓明智无所蔽，敬谓修德不懈，止谓守道不迁。此明明德之功，为人之所应止者也。仁敬孝慈信，则由明德以亲民，为人所当止者也。夫人之一身，对下则君，对上则臣，对父则子，对子则父，与国人交则互为朋友。仁所以爱民，敬所以守职，孝所以事父，慈所以待子，信所以交友。德自心发，所对则皆他人。）故曰此由明德以亲民之功也。夫君子之学，修己则缉熙敬止而无息；对人则仁敬孝慈忠信而不移。至德既立，至道复行。则必能感动人群，君子既兴起于善，

028

小人亦耻于为非。风化醇美，而有耻且格矣。故孔子曰听讼吾犹人也必也使无讼乎。盖两造兴讼。各执是非，明察秋毫，罔直得所，公正无私，雪冤折暴。世之循吏，盖亦能之，吾亦弗能过也。然化民之道不在于此。必也使无讼乎。则必内修厥德，勤政爱民，道盛德至善，其感于民也深，遂使无情实者不敢尽其诬罔之辞，民之心志大自抑畏。自尔狱讼不兴，直道相与，互相亲睦矣。盖以力假仁者霸，政刑明，民亦粗安。然不可以长治，徒齐其末故也。以德行仁者王，德礼行而民兴于善，则可以久安；先立其本故也，故知缉熙敬止以至于民自无讼，此谓知本也。此收束本段之文。重言此谓知本此谓知之至也者，总结全章之意。严先生曰：知本句，总括全章当先务本之义以为收束：知之至句，明述本之所在，应前文八目归本于格致之功；且以引起下章之文，故下文续举诚意而别论之。今谓知本，仍是修身为本之本。修身本于明明德；明明德自能亲民。有其本者，自有其末。本末不失其序，而极于成功。德明而民亲，修其身而天下平。孟子所谓守约而施博之善道，即大学之止于至善也。然于此至善之道，知之切而行之笃，亦即是致知而格物。极至于德明民亲，缉熙敬止而民无讼狱，即是物格知至也。故曰此谓知本此谓知之至也。虽不别言致知格物，而致知格物自在其中。自下各章分段别释，亦皆致知格物之功也。

上来自大学之道至知之至也，统为一章，为大学之总论。自下诚意、正心、修身、齐家、治国、平天下五章，为大学之别释。六事也，而但五章者，修身在正其心为一章，乃至平天下在治其国为一章。皆因立而果自来。所谓心正而身自修，乃至国治而天下自平，原非两事，故更无第七章也。

所谓诚其意者，毋自欺也。如恶恶臭，如好好色。此之谓自谦。故君子必慎其独也。

自下释诚意。所谓诚其意者，毋自欺也。言行相背，始终相违，情志不一，皆谓不诚，皆谓自欺。意也者，心所趣向之志也。立志既要如此，行之又弗如此，此非欺人，实自欺耳。夫自欺其心，其心必不快足。孟子曰，行有不慊于心，则馁矣。慊古慊假。慊快也，足也。不快足，仰愧俯怍，中心不自容也。不自欺之状如何？曰：如恶恶臭，如好好色。臭恶自恶之，色好自好之。中心不达于面目，岂容伪哉！倘人之好善恶恶、明德亲民，能如恶恶臭好好色，不待勉强而自然；内外始终情志一贯。则仰无愧、俯无怍，中心快足也何如哉？然而不能者，不能慎其独也。故君子必慎其独。

小人闲居为不善，无所不至，见君子而后厌然。掩其不善，而著其善，人之视己如见其肺肝然。则何益矣！此谓诚于中、形于外。故君子必慎其独也。

此著不诚之相也。闲居、未与人接，独自闲居也.或曰：闲居、平居也。既为不善至于无所不至，则亦不定为一人闲居也。但就其未见君子时为言，不必全不与人接。如淫朋恶友，群居终日，言不及义，博奕饮酒等皆是也。特见君子然后厌然。厌、羞愧不自容，而厌恶其所为也。因是乃掩盖其不善之行，而著见其庄重修饰之状，自以为善矣。然人之视己则如见其肺肝然。盖即其虚饰庄矜之容，已见其肺肝之伪，则何益之有哉！此谓诚于中、形于外，善恶真伪不容相掩。善以善现，恶以恶现，真以真现，伪以伪现，皆所谓诚中形外者也。故君子必慎其独，实修其善。真善形外。则人咸信服矣。

曾子曰：十目所视，十手所指，其严乎！富润屋，德润身，心广体胖。故君子必诚其意。

诗云：相在尔室，尚不愧于屋漏，神之格思，不可度思，矧可厌思。言屋漏之明，神天监察，不可不慎。此则引曾子之言，直谓独居暗室，自有十目以视，十乎以指，宁可自欺乎？或谓私居燕处，谁便指视？曰：此因果必然之理也。谋之愈密，则其发觉败露，指斥之者益众，其不严而可畏乎！易曰：君子居其室，出其言善，则千里之外应之，况其迩者乎？居其室，出其言不善，则千里之外违之，况其迩者乎？又不但十目十手而已，众皆见之，人尽指之也。盖富则润屋，德则润身，心广则体自胖，因果自然之理，善恶是非无不皆以诚应。明夫此者，妄心消尽，伎俩尽穷，坦然夷然，直行其志，而戒慎恐惧以闲其邪，自强不息以致其诚。夫然后可以正心修身齐治均平，故君子必诚其意也。

右第二章，释诚意。中庸曰：庸德之行，庸言之谨，有所不足不敢不勉，有余不敢尽，言顾行，行顾言，君子胡不慥慥尔。此诚意之功，自慊之效也。窃谓意之所以不诚者有二因：一者力薄，不能自勉以力行；二者好名，内无其实而自矜。故平居则无所不至，而忘戒慎之功。见君子又虚矜其无实之善。反覆颠倒，以成其自欺也。虽然，厌然自愧，亦未始非善根之发也。故圣贤即告以十目十手之严。愧心勿间于群独。掩恶著善，亦未始非向上之志也。故圣贤即告以润屋润身之功。使知因果之应，至诚而无所容伪，而诚之无夫不在，则亦何用乎虚伪自矜，又安敢不力行黾勉以自强不息也。大学之善启发人以诚意也如此！诸有发明明德于天下之志者，敢不勉乎？此著一差，百事皆废，治平徒托空言，格致都无实际，所谓不诚无物是也。十目之严，肺肝之见，言之凛然。后来宋明儒者得力之功，全在此章。对于主敬慎独，谆谆言之。盖惭愧精进不放逸者，满善防修之大用。孔子曰：君子修己以敬。曾子临终，犹有战兢履冰之诚。盖不敬则不能诚。空疏放荡，何能收瑟僩赫喧之效。程朱之可取者在是。其失则明慧不足，致知失之支离焉耳。又当知诚意之意，实即欲明明德于天下之意。苟无此宏阔伟大之志意以为其所诚，唯在一事一物意念之微致其诚焉；终无阔大之襟怀度量，亦无以免于拘谨小儒之诮也。

　　所谓修身在正其心者，身有所忿懥则不得其正；有所恐惧则不得其正；有所好乐则不得其正；有所忧患则不得其正。

　　心不在焉，视而不见，听而不闻，食而不知其味。此谓修身在正其心。

　　右第三章，释正心修身。于中首言不正之相；次言修身在正其心之故。忿懥、忿怒也。染污之心与境相接，不外攻取两途。顺则生取，逆则生攻。忿懥者，境逆于心而攻之也；好乐者，境顺于心而取之也。逆境势强，攻之而力弗足，则由忿懥而为恐惧；顺境太远，取之不得，则由好乐而生忧患。此凡俗之人，颠倒纷纭，心为境役，一切受环境之支配而喜怒忧惧，从欲而不顺道，不能中节以得其正者也。由是可知：将欲求心之正，必须有超然特立之操守，优然自得之胸怀，富贵不淫，贫贱不移，威武不屈，素富贵行乎富贵，素贫贱行乎贫贱，素患难行乎患难，素夷狄行乎夷狄，外无得失之想，内无爱憎之私，美恶无动于中，喜怒不形于色。则凡事变之来，举能平情静气，处之从容，而咸得其正。非遂无喜怒忧惧也。当喜则喜，喜不逐物；当怒则怒，怒不留中。忧惧者，忧惧德之不修，学之不讲，闻义不能徙，不善不能改。而不以富贵贫贱得失成败生死祸福为忧惧。所谓有所忿懥恐惧好乐忧患者，倚著外境，役于物而不顺乎道故也。果能顺道而不从欲，虽喜怒忧惧亦何害。由是可知：将欲明明德于天下者，必须有超然于天下国家之心量，能包而又能举之。不以天下国家累其心，而后能以此心转移治化国家天下。子曰：巍巍乎舜禹之有天下也而不与焉。言舜禹之不以天下累其心也。诗云：帝谓文王，毋然畔援，毋然歆羡，诞先登于岸。乃至云王赫斯怒，爰振其旅，以遏徂吕，以笃周祜，以对于天下。言文王之心，爱憎取舍之尽忘，超然自先登于彼岸，乃能俯视尘环，兴天悲愍，赫然一怒，遂乃安天下之民也。公孙丑问于孟子曰：夫子加齐之卿相，得行道焉，虽由此霸王不异矣！如此则动心否乎？孟子曰否，我四十不动心。乃至曰：我知言，我善养吾浩然之气。乃至其为气也至大至刚，以直养而无害，则塞乎天地之间，其为气也，配义与道，无是馁也。是集义所生者，非义袭而取之者也。云云。大学正心之功，即孟子知言养气不动心之学也。唯心眼高、能超天下；心量大、能包天下；心力强、能举天下。然后能以心转物，而不为物转。而其始则在能不为物役而动其喜怒爱憎也。其功夫奈何？曰：亦唯诚意而已矣。如何诚意？曰：致知格物，力行善道，慎独谨微.自强不息而已矣。孔子曰博文约礼，中庸曰明善诚身，皆是也。力行久，集义深，心力自强，心眼自开，心量自大，而心德自纯。彼外境区区，奚足以动吾心。物不扰其心，则自能以心驭物，使皆入于道。修齐治平之化，基于此矣。自来为仁之弊，皆由于不知正心之功。克伐怨欲不行者，流于逃世逃刑，独善自私，遁迹山林者是也，庄生之曳尾污泥以之。博施于民而能济众者，流于强作主宰，舍己徇人，热心功利者是也，墨子之摩顶放踵以之。夫唯以明明德于天下之大愿而行不取著之功夫者，是为贤乎？则大人之学是也。

心不在焉，视而不见，听而不闻，食而不知其味。此言视听言动之发，一身之行为，皆根于心。无心则身罔所知，行为冥行，亦且无行也。身行既依心行而起，则行为之善恶，一取决于心之染净。身之不修，但由于心之不正。故修身在正其心也。

复次：有所忿懥恐惧好乐忧患者，不正其心者也。心不在而视无见、听无闻、食无味，丧亡其心者也。是皆不可。故佛经云：应无所住而生其心。佛法之行深般若，照见五蕴皆空，以无罣碍恐怖，而无住涅槃人尘不染、大悲大智、双轨载驰、自度度人、同归彼岸者，此与大人之学盖不相违。留心于正心诚意致知格物之功者，不可不留之意焉也。

所谓齐其家在修其身者，人之其所亲爱而辟焉；之其所贱恶而辟焉；之其所畏敬而辟焉；之其所哀矜而辟焉；之其所敖惰而辟焉。故好而知其恶、恶而知其美者，天下鲜矣！故谚有之曰：人莫知其子之恶，莫知其苗之硕。此谓身不修不可以齐其家。

　　右第四章，释齐家修身。夫忿懥恐惧等之有所住者，则心失其正，而身以不修。此累于物者也。亲爱贱恶等之失之辟者，则身不修而家以不齐。此溺于情者也。夫人之于其所亲爱而辟者，爱之过而忘匡救之功；于其所贱恶而辟者，恶之过而忘曲全之道；于其所畏敬而辟者，曲从苟顺，不能谏诤合礼；于其所哀矜而辟者，姑息养奸，不能威严当义；于其所敖惰而辟者，则喜怒任情，而蔑人自暴。唯任一往之私情，不顾义理之公正。以此施于人，非唯其所贱恶敖惰者不受其益，即所亲爱畏敬哀矜者亦反蒙其害。一身之不修，使全家之人皆趋于隋落背义之途。又其爱恶之不公，是非之不明，益使全家之人，互相怨憎争竞，离德离心，而无雍睦亲和之气，家不齐矣；推之于治国，国不治矣。夫人情皆有所溺，故好而知其恶，恶而知其美者，天下鲜有之。是以谚谓人莫知其子之恶，蔽于私爱故也；莫知其苗之硕，蔽于贪求无厌之欲也。身之不修，其何以齐共家欤？是故君子反情以和其志，循礼以归于道。净化性情，息其贪鄙。使其心公以正，知清以明。好恶当理，而言行合义。爱之而劳，忠焉而诲，使一家之人皆有以兴于礼义，而情意亲和，无有亲爱贱恶之辟，终之皆所亲爱畏敬哀矜而无所谓贱恶敖惰者，而家齐矣。夫一家之人，相养相生，休戚与共，手足骨肉，血气一体，谁非所亲爱。其余非所畏敬，则所应哀矜者也。自此三者而外，更无有人焉是所应贱恶敖惰者。今乃于一体之人，妄别以为五等。而爱恶攻取，又辟焉而益远于义。如此过上生过，虚妄颠倒，诚不知乖违纷乱至于何极也！故有毒螫集于同胞，刀兵兴于衽席，父不父、子不子、兄不兄、弟不弟、夫不夫、妇不妇，而其根本皆缘情之溺、意之偏、知之蔽。是以齐家修身之道必基本于正心诚意。盖欲改革救正他人，必先从自己身心性命上澈底加一番改革救正日新又新之功也。否则，皆为无本之学。中庸曰：喜怒哀乐之未发谓之中，发而皆中节谓之和。中也者，天下之大本也；和也者，天下之达道也。致中和，天地位焉，万物育焉。正心之喜怒忧惧之不好，致中也；修身之爱恶敬惰之无辟，致和也。盖寂然不动，然后感而遂通。如此则能老安少怀，朋友以信，齐家治国，化民成俗，而天地以位万物以育矣。

所谓治国必先齐其家者，其家不可教而能教人者无之。故君子不出家而成教于国。孝者所以事君也；弟者所以事长也；慈者所以使众也。康诰曰：如保赤子。心诚求之，虽不中不远矣。未有学养子而后嫁者也。

右第五章，释治国必先齐家。别为三节，前二节申言其理，后一节证之以经也。初二节中，初言治国必本于齐家之心；次言齐家自有治国之效。此言治国必本于齐家之心也。齐家之道，孝弟慈而已矣。于父母致吾

之孝，于兄弟致吾之弟，于子女侄媳致吾之慈。爱憎之
辟不行，身修而家人皆顺，而家齐矣。孝弟慈惠之德既
立，则举之以治国焉可也。所以者何？推吾之孝以事
君，则忠而忘私；推吾之弟以事长，则敬而守职；推吾
之慈以使众，则仁而不苛也。故曰君子不出家而成教于
国。于家既身体力行养成此孝弟慈之至情至性，本立道
生，则以之成教国人可也。孟子曰：人人亲其亲，长其
长，而天下平。此成教之意也。或谓齐家者但孝弟慈而
己足，家以情感结合故也。国则必有政治法令等事，岂
可但以忠敬仁惠而治天下乎？曰：此古人之深意也。盖
德以化君子，刑以防小人。圣贤之治国也，期人皆兴于
士君子之行，皆敦孝弟慈惠之德，各齐其家，抑又彼此
相亲，举国之人如一家焉，是国治之盛也。此圣贤视国
如家，而视君长人民皆如父子兄弟长幼之亲之意也。虽
举直错枉，禁暴缉凶，守国御变，足食足兵，亦皆治国
者之所有事；然而能行之而无私，为之而尽力，则必有

忠上死长爱民爱国如其家人之真情至性之人。乃可以胜其任而可倚恃。岂尸行肉走，无性情、无血气，自私自利之人所可得为之者！故康诰曰如保赤子。赤子无知，而犯于罪，则必有哀矜不忍而保之之心。有此如保赤子之仁心，乃可以明刑而慎罚。心诚求之，真有是悲愍之怀、忠孝之节、而诚心以求之，则虽前无是法、无是政，亦可求之而得，虽不中不远。苟无诚心，而徒恃法令政治，则未有不因法为奸以毒害于国者也。下复申言不中不远之义曰：未有学养子而后嫁者也。盖妇女自有慈爱子女之诚意。则十月怀耽，三年乳哺，顾抚育后教养成人。是皆未尝学养子而后嫁者也。然既嫁则一切养子之事而皆能。岂不以爱子之切，诚心以求，而自能体贴入微而养之皆当耶？以喻诚能养得孝慈之心，举之治国，虽未习于法度礼制之文，诚求而自应也。严先生云：大学性宗之学，所谓为礼制之本。自不暇及于礼制之文。守其本者，贤者之务，人君之职；究其文者，能者之事，人臣之责也。今谓即以制礼守法而言，亦必得仁人孝子而后成办也。

一家仁，一国兴仁；一家让，一国兴让；一人贪戾，一国作乱。其机如此。此谓一言偾事，一人定国。尧舜帅天下以仁，而民从之；桀纣帅天下以暴，而民从之。其所令反其所好而民不从。是故君子有诸己而后求诸人，无诸己而后非诸人；所藏乎身不恕而能喻诸人者，未之有也。故治国在齐其家。

此言齐家自有治国之效也。盖人群相处，互作增上，善恶邪正，心性相感。是以一家仁则一国兴仁；一家让则一国兴让；一人贪戾则一国作乱。其机感之捷，有如此者。故一言可以偾事而一人可以定国也。虽然，感应之道，必以诚交，而不可以伪为。尧舜之仁，桀纣之暴，民皆从之。各应以其真也。若夫霸者之假仁义，实得不足以将之。心怀利欲，而以仁义责人，则其所令反其所好民不从之也。故君子有诸己而后求诸人，无诸己而后非诸人；所藏乎身不恕而欲人之相喻以从，未之有也。恕、推己之所有以及人也。故治国在齐其家。感应之道，必然之理也。

诗云：桃之夭夭，其叶蓁蓁，之子于归，宜其家人。宜其家人而后可以教国人。诗云：宜兄宜弟。宜兄宜弟而后可以教国人。诗云：其仪不忒，正是四国。其为父子兄弟足法而后民法之也。此谓治国在齐其家。

此以诗证成也。诗谓周南桃夭、小雅蓼萧、曹风鸤鸠三篇之词。夭夭、少好貌。蓁蓁、美盛貌。宜、和善也。忒、差失也。其为父子兄弟足法而后民法之，以证君子不出家而成教于国也。

严先生云：古者家大而国小。此之云家，鲁三家、晋六家之家，族也；其所谓国，五十七十百里之国也。今大小之相去绝殊，吾人乌得相当于今之国之家以齐之，而冀有以治吾之国耶？无他，今之联乡协社，凡吾人生计之所托，利害之所关，出入守望之相友助，而为吾人各级自治之组合者，皆吾人之家也；其间相养相长相教者，皆吾人之诸父昆弟诸姑姊妹也；凡吾人所及见之疲癃残疾茕独鳏寡，皆吾伯叔兄弟之颠连而无告者也。云云。此意极善，盖扩大家之量，使无局于区区一小家庭以自私。用意至深远也！然余则以为大人之学既以明明德于天下为量，齐家但为治平之起点，而不以为究竟，自不以八口之家为限。然而即此八口之家已便是为治之始。所谓不出家而成教于国、所谓其为父子兄弟足法而后民法之者，固皆就此八口之家言也。大学曰：此谓一言偾事，一人定国。夫为治而始于一言一人，则八口之家不为小矣。倘谓家为二家六家之家，则是齐家之事庶人无分，即大学之道庶人亦无分也。然既谓自天子至于庶人壹是皆以修身为本，则有庶人，有八口之家也。曰：区区八口之家之齐，何以预于国之治乎？曰：此人人亲亲长长而天下平之意也。盖欲国之治天下之平，非人人齐其家修其身不可。而一人之修身齐家固不能必其遂能收治平之效；而此一人之能收治平之效者又必自齐家始也。古者有家有国有天下，自封建废而大一统，秦汉而后，车同轨，书同文，则但有家及天下而无国。盖郡县既隶属于天下，而乡党则隶属于家。所以异者，郡县官吏直接受治于天子，为官治的；乡党则纯以情谊连结，而为自治的故也。自海运开，列强亚起，而后此神州之天下复降而为国；然民族思想起，则四万万同胞又无异于一家。然则不但联乡协社之为家而已。此国此天下，皆一家而已矣。吾人可不充其孝弟仁让之德以对我列祖列宗诸父兄弟诸姑姊妹，兴其家业，而出诸水火也哉！

　　所谓平天下在治其国者，上老老而民兴孝，上长长而民兴弟，上恤孤而民不倍，是以君子有絜矩之道也。所恶于上，毋以使下；所恶于下，毋以事上；所恶于前，毋以先后；所恶于后，毋以从前；所恶于右，毋以交于左；所恶于左，毋以交于右。此之谓絜矩之道。

　　自下第六章，释平天下在治其国。略分五段：首明絜矩之道；次言慎德得民；三言进贤远奸；四言生财之道；五言以义为利。此初絜矩之道也。矩所以为方，絜、挈也，絜持矩尺，可以度量物形。反省己心，则可以知人情也。故君子之推己及人，亦如持矩量物也。何以知上下前后左右之情，反省吾身所受于上下前后左右者而可知矣。当何以对上下前后左右，即以己心之所欲恶者而推行之而已耳。详察己心，而人情尽得；忠恕平等，而万善齐修。如规矩在手。而方圆不可胜用。治国平天下之道岂果难知果难行哉！子曰：己所不欲，勿施于人。又曰：所求乎子以事父，未能也；所求乎臣以事君，未能也；所求乎弟以事兄，未能也；所求乎朋友先施之，未能也。所恶勿施，一切恶行止矣；所求先施，一切善行立矣；恶止善立，则德尊道凝，风行草偃，民自格化。是以上老老而民兴孝，上长长而民兴弟，上恤孤而民不倍。岂待禁令刑赏以强之哉！或谓絜矩之道，修身待人之事也；民兴孝弟，齐家治国之事也。皆无预于平天下也，何与？曰：能修身待人者，自能齐家治国；能治其国者，始能平天下。身心之与家国天下，一物之本末；修齐治平，一事之始终。言末必有本，言始自有终。天下者，国之扩而大之者也。既一家仁而后一国兴仁；亦一国治而后天下之国可得而治。大学故追本而论，由正心以修身，由修身以治国，由治国而平天下。仅言正修齐治，而不言平天下之功也。

　　诗云：乐只君子，民之父母。民之所好好之，民之所恶恶之，此之谓民之父母。诗云：节彼南山，维石岩岩。赫赫师尹，民具尔瞻。有国者不可以不慎。辟则为天下僇矣。诗云：殷之未丧师，克配上帝，仪监于殷，峻命不易。道得众，则得国；失众，则失国。是故君子先慎乎德。有德此有人；有人此有土；有土此有财；有财此有用。德者本也；财者末也。外本内末，争民施夺。是故财聚则民散，财散则民聚。是故言悖而出者，亦悖而入；货悖而入者，亦悖而出。康诰曰：惟命不于常。道善则得之，不善则失之矣。

次言慎德得民。夫国以民立，无民则无国矣；民怀仁义，不仁不义民不归向矣。是以为人君者，能节其私欲，公其好恶，更能克己为仁，民之所好好之，民之所恶恶之，若父母之保育子女然，忘其自我，但求民之利益而不求己之利益。如是则民亦如子女之爱敬其父母，服劳无怨，忠荩不懈，人心团结而国无危亡矣。若夫无大公无我之德，而纵其有我无人之私，当罚不公，举措失当。则众叛亲离，缓急无赖；甚或载舟覆舟，倒戈相向，国不保而身为僇，此亦自然之势也。然为国者，何以不能爱民无私？则贪财好利为之蔽也。盖纵欲者必聚财；聚财则必厚敛；厚敛则必虐民；虐民则民心离散而国势瓦解。民散国亡亦何财用之有哉！反是，则有德者乃能得人；有人者乃能守土；有土者斯能生财；有财者斯有其用。不贪财聚敛，而财用反以不匮矣。本节先举小雅南山有台诗与节南山诗，以见仁兴不仁民对之反应之异。盖乐只之君子，则民父母之；赫赫之师尹，则民皆怒目而瞻视之。民情之向背，随为国者之所行也。次举大雅文王篇诗，言先时殷未丧师，则克配上帝。反显今时丧师，而国遂亡。是知天命不易集，亦不易保，失国得国，皆由于人也。次复推本得众失众之故，由于散财聚财，而亦非有恶于财也。先慎乎德者，乃终有财用。急于聚敛者，遂乃失人心。故知德为本而财为末；慎其本而末自随；亡其本而末亦失也。外本者，以本为外，轻之也。内末，以末为内，重之也。争民者，使民相争。施夺者，使之互夺财利也。此一人贪戾一国作乱之象。孟子所谓上下交征利而国危者是也。悖、违理也。言悖出，则人反报之以恶言。货悖入，则来劫夺之祸。此皆因果之理，不可或免者。故知兴亡治乱之天命，无有故常。善则得之，不善则失之。报随业转，故引康诰以证之也。

楚书曰：楚国无以为宝，唯善以为宝。舅犯曰：亡人无以为宝，仁亲以为宝。秦誓曰：若有一个臣，断断兮无他技，其心休休焉，其如有容焉，人之有技，若己有之。人之彦圣，其心好之。不啻若自其口出，实能容之。以能保我子孙黎民，尚亦有利哉！人之有技，娼嫉以恶之，人之彦圣而违之，俾不通，实不能容，以不能保我子孙黎民，亦曰殆哉！唯仁人放流之，迸诸四夷，不与同中国。此谓唯仁人为能爱人，能恶人。见贤而不能举，举而不能先，命也（命、慢字之误）。见不善而不能退，退而不能远，过也。好人之所恶，恶人之所好，是谓拂人之性，菑必逮夫身。是故君子有大道，必忠信以得之，骄泰以失之。

三言进贤远奸。国以民为本，故当立德以聚民。而为民之表率以辅相人君、治理国事、领导群众者，则在贤人。故次言进贤退不善也。贤不肖之标准为何？曰：不在才艺之有无，而在德量之大小。苟有德量，则虽无才艺，自能汲引贤才以共成治道。苟无德量，则虽有过人之才，而私心自用，恃己陵人，甚至乃娼嫉贤才，使之沉抑，此即不善之尤。自来亡国之君、乱世之臣，如桀纣王莽秦桧之徒，皆有其过人之才，绝非碌碌无能为者。而拒谏害贤，不善莫过于此。然则有国有家者，进贤退不肖，唯当于此二者首留之意焉也。文中特引秦誓之言以案断。一个臣，书作一介臣，谓耿介公正之臣也。断断、诚一。休休、宽闲。断断故无他技，休休故如有容。不必全无技能也，不以技能自是，以能问于不能，以多问于寡，有若无，实若虚；大舜有大焉，善与人同，乐取于人以为善是也。即真无他技，果能断断休休，则亦足以为政。孟子：鲁欲使乐正子为政，盖子曰：吾闻之，喜而不寐。公孙丑曰：乐正子强乎？曰否。有知虑乎？曰否。多闻识乎？曰否。然则奚为喜而不寐？曰：其为人也好善。好善足乎？曰：好善优于天下，而况鲁国乎？夫苟好善，则四海之内皆将轻千里而来告之以善；夫苟不好善，则人将曰：讻讻，予既已知之矣。诋诋之声音颜色，距人于千里之外；士止于千里之外，则谗谄面谀之人至矣；与谗谄面谀之人居，国欲治，可得乎！孟子之言与此互相发明也。人之有技若己有之，人之彦圣其心好之，不啻若自其口出，实能容之。忘我之至也。视人己如一也。彦、善美。圣、明慧。不啻、犹言不但也。谓见有善美通慧之才，其心中爱乐之情之甚，犹过于自其口出之赞誉也。如此容人，贤才并举，皆得其所，各尽其能，国安得而不治。以能保我子孙黎民，其为利也孰有尚于此乎？反是，则不善之臣娼嫉贤能，违害之、使不得通达以为国用，贤能之不容，子孙黎民亦不能保，其为危殆可知矣！作大学者于是决然断之曰：唯仁人放流之，迸斥之于四夷，不与之同中国。此孔子所谓唯仁人为能好人能恶人者也。好恶凡人所共有。好恶人而皆得其当，则唯仁者能之；盖好之非以其私，必其人之贤实有以利于家国；恶之非以其私，必其不肖实为家国之害。谁好谁恶，一秉大公而皆中理，则唯仁人能之耳。自下因并言见贤不举举而不先之为慢；见不善而不能退退之而不能远之为过。知仁人之能好人恶人，则当好不好，当恶不恶，以害于家、凶于国，是亦归于不仁而已矣。如是人者，好人之所恶，不善之人人所共恶，反好之，不退不远故也。恶人之所好，贤人人所同好，反恶之，不能举举而不先故也。此之谓拂逆人之性。拂逆人之性者，于心为反常，于群为违众。反常叛德，违众贾怨，则灾祸必逮及其身。不但败坏国事而已矣！是故君子有大道，必忠信以得之，骄泰以失之。固守恒德，诚信待人之谓忠信。恃己傲物，拂逆人情之谓骄泰。大道者，保国保民利用安身之大道。至德不立，至道不疑。故忠信则得道，骄泰则失道也。或谓既云唯仁人为能好恶人，则不必尽人皆能好恶人矣。好人所恶，恶人所好，为拂人之性，则谓人之公好公恶，是人人皆能好恶人，不必仁者也。曰：所谓仁人者，正是能好人之所共好，恶人之所同恶，而不藏于私。众人之所以为众人者，则以其平居虽能得好恶之公，然无力以当举错之任。设使在位，则高下之情，利害之私，不能保其好恶之正也。旁观则清，临事则昏；身受则所感同人，行事则进退违礼。故唯仁人能通天下之志成天下之务。而众人不能有仁人之德量操守事业功勋也。本节首引楚书曰楚国无以为宝惟善以为宝，盖国语楚语之辞。楚昭王使王孙圉聘于晋，定公飨之。赵简子鸣玉以相。问曰："楚之白珩犹在乎？其为宝几何矣？"对曰："未尝为宝。楚所宝者，观射父能作训辞以行事于诸侯，使无以寡君为口实。"云云。新序国策史记均载楚王以昭奚恤等为宝事。唯楚之国书不复传，无以见此惟善以为宝之原文矣。舅犯，晋文公舅狐偃，字子犯也。骊姬杀申生，重耳夷吾出奔。献公殁，秦穆公使人吊公子重耳，且曰：寡人闻之，亡国恒于斯，得国恒于斯！虽吾子俨然在忧服之中，丧亦不可久也，时亦不可失也。孺子其图之！以告舅犯。舅犯

曰：孺子其辞焉！丧人无宝，仁亲以为宝。父死之谓
何！又因以为利，天下其孰能说之？孺子其辞焉！云
云。记在礼记檀弓。此两文以文势则当在此节之首；以
文义则当在上节之终。盖楚之不宝珍玉而宝善，文公之
不宝土地而宝仁亲，正是证明德者本也财者末也之义。
唯以与秦誓连续为文，绎络如贯珠。且大学文义，前后
本交错互通，故亦仍置此也。

　　生财有大道，生之者众，食之者寡，为之者
疾，用之者舒，则财恒足矣！仁者以财发身；不仁
者以身发财。未有上好仁而下不好义者也！未有好
义其事不终者也！未有府库财非其财者也！

　　此论生财之道也。财虽非本，而亦立国者所必需。
以其必需，故愚者急于聚财而亡其国。然若谓财可不
要，则又迂儒不通事理者也。此故言生财之大道。曰生

之者众，则游民当使就职业也；日食之者寡，则冗官不可耗正禄也；曰为之者疾，则农时不可失，使民当有时也；曰用之者舒，则出纳有常，不浪费亦不积聚。聚之于民者，还以用之于民而不专之于己。养仁贤，兴民利，济孤苦。则财用宽舒，上下交利。下以供之于上，上复施之于下，施用往复，泉流不穷，则财焉有不足者乎？仁者以财发身，功在于国，利普于民，国治民安，天禄永固，身愈尊荣也。不仁者以身发财，疲役精神，聚敛掊克，财聚民散，四海困穷，天禄永终，身首不保矣。如秦隋之富强，而国族为墟，身首异地，是也。盖上好仁则下好义．好仁则仁恩沛洽，施济不穷；好义则亲上死长，报德怀恩。上仁下义，何事不办？民皆好义，有耻且格，治国之能事毕矣！未有府库财非其财，谓人君自国府官库之外，不更积私财。不损下益上，则百姓足君孰与不足。不亏公营私，则府库财皆其财也。有国者，不以国有为有，而以私有为有，既自不有其国，国亦将不有其身，众叛亲离，终至于金玉满堂莫之能守，不亦悲乎！是以圣人官天府地，不有私财；国富民安，神怡淡泊。既天下而家给人足，府军充盈，然后永无贫窭之忧，泰然大有矣已。

孟献子曰：畜马乘，不察于鸡豚。伐冰之家，不畜牛羊；百乘之家，不畜聚敛之臣。与其有聚敛之臣，宁有盗臣！此谓国不以利为利，以义为利也。长国家而务财用者，必自小人矣。彼为善之，小人之使为国家，菑害并至，虽有善者，亦无如之何矣！此谓国不以利为利以义为利也。

此论以义为利。承上节仁者以财发身不仁者以身发财之义言也。孟献子，鲁大夫仲孙蔑。畜马乘，士初试为大夫者。大夫不徒行，故畜马乘。伐冰之家，卿大夫以上之家，丧祭用冰，防肉腐也。百乘之家，有采地者也。鸡豚牛羊，民所畜养以为生计者也。卿大夫而畜之察之，是与人民争小利也。盗臣损财；聚敛之臣虐民。损财、一家受窘；虐民、百姓蒙害。故盗臣之害小，聚敛之臣为害大。为国者，任国家重寄，自有常禄以赡其室家，即当少欲知足，尽心力以为人民兴利除弊。又当立德修身，以为人群表率，奚暇争蝇头之利渔人民之财以自肥哉！故国不以利为利以义为利也。若夫长国家而务财用者，必自小人建其议、定其谋也。彼长国之人而善彼小人之谋，因使小人以为国家之政，则必至于虐民祸国，天菑人害之并至。云何有天菑？古者三年耕则有一年之余食，九年耕则有三年之储积。天菑不常有，乍遇，常有备，国有余财，民有余粟，虽有天菑，不为祸也。自小人之为国家。聚敛掊克，使民无余粟。财聚于上，则嗜欲日增，耗费日甚。丰年惟恐敛之不足，凶年益恐散而不来。于是人民流离，饿莩载道，而天灾果成灾矣。云何有人害？上好利则人无不好利矣。人征于利，则不顾廉耻，不顾道义，廉耻道义之不好，则法弊政乱，刑狱烦兴，人民无所措其手足。弱者去之，适彼乐土；强者叛之，犯上作乱。人害成矣。天灾人害之交迫，元气已丧，大祸已成，扁鹊、苍公不能医必死之人；文天祥、史可法不能救必亡之国。是故虽有善者，仁人君子，亦无如之何矣！义利之辨，兴亡之所系也。好义，则国治民安而财亦自足；好利，则国危民困而财亦终穷。故国不可以利为利，而当以义为利也。

上来治平之道，虽有五节，实唯四事：一者立德，二者得民，三者用贤，四者理财而已矣。立德者，自能得也，自能用贤，自能理财。取之有道，而用之以义。失德者，则财聚而民散，娼嫉而害贤，贪利而害义。所谓立德者，仁恕而已矣！絜矩之道是也。反己而达人情，推己而出治道。视人如己，终至于忘我以为人群。任贤使能，而才不自矜；兴利除弊，而财不私有。因天下之人力物力以成天下之事业，而己无容心焉。国以治，天下以平，仁义大兴，而菑害永绝。大人之道，亦何难之有哉！小人逞意气而不达人情，好功名而不知德义。矜其才能，则谓天下之人皆可克伏；垄断货利，则谓天下之人皆足牢笼。于是呜喑咤叱，威若虎狼；险诈阴谋，狡如狐狸。以为人皆受吾颠倒，国皆受吾压伏。以此征服天下，天下不难平矣。不知矜其才能，则贤能远避；垄断货利，则人民流离。压迫愈强，则反动益大；险诈愈甚，则怨毒益深。始欲以一人伏天下，终至于引天下以共敌尔一人。故国之祸未来，萧墙之变先起。疲竭精力，碌碌终身而无所成功。拿破仑以囚死，威廉以窜终。秦隋统一天下，而国亡家破、子孙夷灭。旷观古今中外、成败兴亡之绩，固如是其彰彰矣。是以大人之学，先正本以清源。修身其本也，平天下其末也。修身之道，始之以诚意正心，先之以致知格物。致知格物者，明无不照；正心诚意者，念无不纯。以大仁至信之胸怀，运大智果决之才力。戒慎修省于忽微，集义养气以刚大。故能忿懥恐惧好乐忧患之尽亡，而身心解脱，淡然无累；亲爱贱恶畏敬哀矜皆当理，而情义和融，坦然不偏。表范既立，不言而从。由是本己立立人己达达人之心，而为齐治均平之业。孝慈修于家庭，仁让兴于邦国。人心悦服，俊彦景从，国治民安，而后天下归往。不劳心智，不假威力，而明明德于天下矣。故王道必本于圣学，诸有智者当知所率由矣！

附　格致辩

大学为儒家修齐治平之宝典。然简篇之殽乱，义理之纷歧，学者聚讼数百年。所谓简篇之殽乱者：程朱皆谓经文前后错杂，且谓致知格物一传阙失待补。既补之矣。至阳明思想与程朱异，则谓大学古本并无错失。故别以古本教人。自是两本并行，莫知谁是。今得严立三先生考订，谓文无阙，而简则有错。厘而正之，天衣无缝。吾依之作疏。此千载一大问题得以解决，宁不快哉！

至于义理之纷争，则尤集中于格物致知。学者统计宋明以降，言格致者有七十二家。虽然，统其同异，实以晦翁阳明两家为对垒。果能解两家之纷争，则余论可平矣。

昔吾作儒学大义于龟山书院，最后大人之学一篇，十章以明义：一者大人，二者大学之道，三者大人之志，四者大学之序，五者身心意知物之义，六者修正诚致格之功，七者宋明儒者之误，八者齐治均平之道，九者真儒与俗儒之异，十者王道与霸功之分。其论宋明儒者之误曰：

所谓宋明儒者之误者：一晦庵之误，二阳明之误。晦庵之误，则以旧本颇有错简，而更订经文，别补格物致知一章是也。不知致知格物之工夫、即在诚意之中，而无劳更补；更亦不必更次经文使之零碎不成意义也。此其弊，阳明论之详矣。所谓格致即在诚意中者，意既诚，则自能尽其心知之力能以格应事物，下章所谓心诚求之虽不中不远未有学养子而后嫁者也。言意之既诚，则自能致知而格物矣，则道学自修之功使人无讼之效是也。故篇中但言诚意，不必言格致，意自足而不待补也。乃其所以补之者，义又未当。一者繁而寡要也；二者穷末而忘其本也。所谓繁而寡要者，其言曰：人心之灵莫不有知，而天下之物莫不有理，惟于理有未穷故其知有不尽也。是以大学始教，必使学者即凡天下之物莫不因其已知之理而益穷之以求至乎其极，至于用力之久，而一旦豁然贯通焉，则众物之表里精粗无不到，而吾心之全体大用无不明矣。夫天下之事理无穷，而人心之知力有限。庄子曰：吾生也有涯，而知也无涯，以有涯穷无涯，殆矣。孟子曰：知者无不知也，当务之为急；仁者无不爱也，急亲贤之为务；尧舜之知而不遍物，急先务也；尧舜之仁不遍爱人，急亲贤也。夫以尧舜之圣尚知不遍物，乃欲学者于下手工夫役以穷竭天下之事理，此非繁而寡要劳而无功不知先务者乎？由其不知先务也，故疲竭身心以增知识、广见闻，见闻日广，知识日增，而不知恐惧修省身体力行，则必有舍本逐末之弊，而长傲文奸以借寇兵而赍盗粮者也。程子见人读书，谓为玩物丧志者，非以此乎？是以象山谓其学问支离陆沉也！夫致知格物，本所以诚意，而逐末忘本，则并其意志而丧亡之，岂非大错而特错者乎？是故阳明力矫其弊，复大学古本之旧文，而归格致之功于诚意中，功至伟矣！

然而吾复谓其误者，则以不识心意知三者之义，是以工夫徜恍而无以服天下人之心也。阳明曰：大学之要，诚意而已矣；诚意之功，格物而已矣；诚意之极，止至善而已矣。正心、复其体也；修身、著其用也。……至善也者，心之本体也，动而后有不善。意者、其动也；物者、其事也。格物以诚意，复其不善之动而已矣。不善复而体正，体正而无不善之动矣。是谓止至善。此大学古本之序言也。又天泉问答则曰：无善无恶心之体，（此句邹东廓则曰：至善无恶心之体，昔人以为东廓是而绪山背其师旨也。虽然，阳明常谓无善无恶斯为至善，则二言一义亦无所不同矣。）有善有恶意之动，知善知恶是良知，为善去恶是格物。此彼之所以释心意知者。以心为至善（或无善无恶之至善）之体，而意为善恶之动，知善知恶之知为良知也。夫如是，心既至善，则不当云正。所以者何？至善者，无不正也。本无不正，奚其正？且心既为至善之体，云何动而有不善乎？故心无不善，则意无不善矣。意既无不善，则奚待良知之知之，格物之为之去之乎？盖一切修正诚致格之功夫，纯被一至善无恶之心取消了。又诚之一字，中庸约有二义：一者天道，不勉而中，不思而得，从容中道圣人也。二者人道，择善而固执之者也。此皆对于善意真实践履固守力行之意。唯善，是故可诚。恶乌乎诚乎？阳明既谓意者为善恶之动，夫意既善恶纷乘杂起于中，而一般诚之，诚其善意固是诚，诚其恶意亦是诚乎？于是乃不得不转语曰：意之善者诚以为之，其不善者诚以去之。夫为善去恶者，阳明明明谓之格物也。则是诚意无功，但有格物而已矣。则欲正其心者，先格其物焉可也。乌事乎诚意致知乎？乃物不可以徒格，必有知善知恶者乃可以为善去恶，故不得不于格物之前有一段致知之功焉。为为善去恶而致知，则欲格其物者先致其知，或曰格物在致知可也。何以终文乃曰致知在格物？又不曰知至而后物格，而曰物格而后知至乎？既但以格物为为善去恶，故不得不专以知为知善知恶之知。而惧人之以知为知识之知也。乃易之曰良知。知善知恶者，良知也。为善去恶者，亦良知也。是则格物致知皆良知之功用耳。如是则致良知为学者第一要义。此致良知之所以为阳明唯一宗旨也。虽然，阳明既谓有善有恶为意之动，意既善恶纷杂如此，乌从而得彼良知乎？此末流之弊，所以有肆谈圣学、以纵任自在为良知，而至于放僻无忌惮者也。故双江念庵之徒乃有反本归寂之论以救其弊。既无现成之良知可致，故不能不正本清源致中以求和也。

今吾之论心意知物与格致诚正也，不然。心者，情知意欲之总名也，而有善恶染净之杂，故须用正之之功。正之之道奈何？诚其意而已矣。意者，欲明明德于天下之意也，纯善至正而无妄，故必诚之以求其至，真实不虚，固执不移，力行不怠，慎其独而谨其微，无使情志意欲之不正者得以有为，此易闲邪存其诚之功也；孟子持其志无暴其气之学也。如是则心有主而善恶是非之从违去就皆得其准矣。志立诚存，则必有所为。将以应天下之事变，齐家治国平天下以见明明德于天下之实功焉，故必先致其知矣。则中庸所谓博学审问慎思明辨笃行之功是也。尊德性而道问学，致广大而尽精微，极高明而道中庸，温故而知新，敦厚以崇礼，皆所谓致知也。知者，心之才能智慧，所以理大事而断大疑，通天下之故而成天下之务者也。故必学问之以发展其智能，力行之以曲尽其心力。学问者，所以全此心之用也；力行者，所以尽此心之能也。此成己尽性之功也。然知不可以徒致，知必丽乎物，故致知在格物。物者，人情事变之境也，观察之，通达之，所以穷其理也。理穷，则吾心之知能成就，条理之，处置之，使皆得其宜。物得其宜，则问心无歉，而吾心尽矣。是故物格而后知至也。知至者，成己而尽性也。己成性尽，故意诚矣。意诚，诚已存而邪已闲矣，故心正也。心正则中，不倚外物，故发于喜怒哀乐也咸中其节，而得其和，则身修矣。身修，则行为言语皆得人情事理之公平，而无所僻，行之一家，则一家咸服，而各得其所，故家齐。家齐，国可得而治，天下可得而平矣。本末始终条理一贯，而何事乎增定经文而为繁而寡要之说？又何必改致知为致良知而后尽于理乎？

或谓子之所云致知格物为发展知能穷究事理，与朱子之说何殊？曰：为诚意而致知格物，先务之为急，不同朱子即凡天下之物尽格之也。一面固格物以致吾之知以充其量，一面又致吾之知能以格理乎事物以尽吾之心。求知而同时又力行之，力行又即以实验吾知之至与未至、意之诚与未诚，故不同朱子之但以学问思辩为事、不落实而少所用也。此与朱子之说异也。或谓诚意章明言如恶恶臭如好好色此之谓自谦，又谓小人闲居为不善无所不至见君子而后俨然，明明以好善恶恶说诚意，则有善有恶者意之动，亦确有据矣，何为而谓其尽误耶？曰：所谓意者，非善恶之谓也。诚意者，非诚其善诚其恶也。善而好之，恶而恶之，乃所谓意也。好善如好好色，恶恶如恶恶臭，无一毫之虚伪焉，乃所谓诚意也。善是善而恶非善，然好善恶恶则皆是善，故善恶不可并诚，而好善恶恶之正当意欲则皆必诚之。然则意非善恶杂起之谓，而为裁制主宰乎心以好善而恶恶者乃所谓意也。其理定矣。故吾直以明明德于天下之志为意，而以实守力行此志为诚意。骏马衔勒、而飞腾不乱，巨舰得舵、而驾驶有力，故诚意为本，而格致正修咸得其道焉，此固不同于朱、王各执一偏之说也。

按此格致之义，皆本字义文理而为说，终觉空泛无以达吾意，兹举吾近一经验以明之。吾家养一小孩，性行极不规则，顽不受教，吾故每责詈之，而终无效。令之读书，亦不长进。故每令吾忿怒，而所以责詈之者亦每过分而不中理矣。由是而益不易教。然吾终以不能教好为耻。一日忽念孟子云：爱人不亲反其仁，治人不治反其智，礼人不答反其敬。因思吾之所以不能教好此子者，盖吾仁有不至，智有不尽也。仁不至者，意之未诚也，智不尽者，知之未至也。吾因不单责彼而反求之己焉。因平其心，静其气，而徐察其性情心术之变，而尽吾心知以导诱之。吾以为此乃诚意致知格物之方也。教人如是，其余事亲敬长、治事求学、统帅大众、治平天下无不皆然。诚吾之意致吾之知以格物，待至物格时，（物格者，爱人而人亲，治人而人治，礼人而人答，是诚足以动之，知足以理之，故物感而化焉也。）则吾之知至而意诚矣。或谓虽圣人在位而有不受教之人、有不可理之事，尧之于洪水，舜之于四凶，及其于丹朱、商均是也。彼物终不格，然则圣人之知有未至而意有未诚乎？曰：自强不息之圣人，必犹以此自反，如文王之视民如伤，望道而未之见是也。然罪害实能减轻之使其有限，善则能扩大之使至于圆满，亦皆所谓物格矣。世间无究竟，固不能充类以至尽也。洪水终平，而四凶不得纵恶，丹朱、商均之不肖，而安其位不敢为乱。是即物格知至而意诚矣。尧舜终何慊乎？此意也，阳明颇知之，惜其未识心意知三者之真义，是以未能将诚正之功言之正确也。

又朱子格致在求知识，阳明格致在重力行，故致良知之说外更有知行合一之说。致良知者，尽吾心之良知良能于事事物物，使事事物物皆得其正。则格物而知至矣。此意诚善！但常人既无现成之良知可致，意念之发，驳杂不纯，则其不以意见私心自认为良知者鲜矣！诚者天之道也，不勉而中，不思而得，从容中道圣人也。诚之者，择善而固执之者也。故曰：诚身有道，不明乎善，不诚乎身矣。即学问工夫何可不讲，而遂可自信其为良知而直致之也耶？今言致知以诚意为主，而所诚之意，为明明德于天下至善无邪之

意，（即此意乃当于阳明之良知。）而致知之功，则知
行并重，格物以发展吾之知能，此求知之功也。尽吾
之知能于事物使皆得其理，此力行之功也。朱、王之
所是者并存无余，其所失者则并遣之，数百年之纷纭
诤讼其可以已乎？

此吾昔年对朱、王两家之评论、及吾对正心诚意
致知格物之主张也。自吾读严先生之大学辨宗及大学考
释，既佩其考订之精确，又惊其说理之明透。然于其致
知格物之新说，则极致怀疑。彼之言曰：

通彼之谓格物；极感之谓致知。通彼者，通乎彼
之情；极感者，尽乎吾之意。即感即通，即通即极，
情同意洽，若无间然。是则谓之格物以致其知矣。此
格致之所以为明善之实功也。（考释、略明要旨之三、
三六页）

格物者，推己以及物；致知者，尽己以全天。格致
之学，忠恕之道，一而已矣。皆所谓能近取譬求仁之方

耳。（要旨之四、三八页）

情者心之大用，而德业之所由兴。仁者，其动著之良能，静存之正则。贯乎终始，通乎内外，所以博厚高明悠久而不息者也。……性以生言，情以动言，仁以通言。皆一心耳！……圣人能以天下为一家，中国为一人。……小人反是，小之一国，一国之外非所通也。小之一家，一家之外非所通也。小之一身，一身之外非所通也。小之一时之欲求，一时欲求之外非所顾惜也。无感无通，不耻不畏，此小人之所以无忌惮也。……大学、大人之学也。故其本始功夫，舍物我感通之道，亦将何所致力哉！（要旨之五、二九页、四〇页）

盈天地皆性，故盈天地皆情矣。情者、感也；盈天地皆情，故盈天地皆感矣。感者、物我之交也，交而通之，则善矣！（要旨之六、四一页）

心者身之主，而情之所聚也。意者情之注也。知者情之感也。物者感之应也。正者是也。是者直也。

诚者实也。致者极也。格者通也，通物而感，极感而实有诸己，则情动而直，德至而道凝矣。通物者恕也。极感者忠也。实有诸己者反身而诚也。是之谓止至善。皆即体仁之功耳。……推己者格物也。尽己者致知也。即己即人，即人即己，情通无间，而后可以自快自足，定静安虑自为必至之效耳。至所谓推己尽己者，已欲立而立人、己欲达而达人二语尽之。能尽取譬，以情絜情，舍是则皆为道在迩而求诸远，事在易而求诸难，此明德之所以不明于天下也。（通释全篇五四页、五五页）

虚则通，通则感，感则善，圣人之所以和平天下者，能感人心而已耳！然苟有意必固我之见横梗于胸，则将见万物皆敌于我，恶得有大人之度。尔诈我虞，机变百出，率天下以暴，人失其性，诚所谓灭天理而穷人欲矣。是故推己尽己，之功可不急务乎？（通释全篇五五页）

凡严先生之言格致者略如此。彼以心为情之聚，意为情之注，知为情之感，物为感之应。极吾之感，通物之情，是为致知格物。极感而实有诸己，情动而直，是谓诚意正心。然则所谓三纲八目天下国家身心意知物者，皆一情之流行施用而已矣。夫人与人之相与，原在一情之相通。天下国家之纷乱，皆由人情之隔阂。情通理得，祸乱皆平。克己复礼，天下归仁。圣学王道，宁有余事哉！极感絜情之学，求仁体仁之道也。谁曰不然！虽然，学问果如是其易简，则三纲八目为多事。直下通情，一在亲民而已足。何者？极感通物，亲民之事也。一明明德于天下已足，更何事束之以治国齐家、本之以修身正心等耶？吾谓严先生之作是说，盖过执性善之说，而误谓凡情皆通。详性善之说，始于孟子。然孟子不云乎，人之所以异于禽兽者几希，庶民去之，君子存之。又曰：食色性也，唯圣人然后可以践形。则不谓人之所具其性尽善。

食色之性、所不异于禽兽者，人亦具之也。其几希之善，又必加以扩充之功，长养之道。苟不充之，不足以事父母。则其善亦微也。虽微，固不能离是以作圣。扩而充之，则足以保四海也。乐记曰：人生而静，天之性也；感于物而动，性之欲也。物至知知而后好恶形焉。好恶无节于内，知诱于外，不能反躬，天理灭矣。夫物之感人无穷，而人之好恶无节，则是物至而人化物也。人化物也者，灭天理而穷人欲者也。于是有悖逆诈伪之心，有淫佚作乱之事。是故强者胁弱，众者暴寡，智者诈愚，勇者苦怯，疾病不养，老幼孤独不得其所，此大乱之道矣。是故先王之制礼乐，人为之节。……噫！感岂易极、情岂易通者哉。若夫寂然不动，感而遂通天下之故，则是圣人六十耳顺洗心退藏于密以后事。岂初学下手功夫哉！大学之教，其知此也。是故先之以欲明明德于天下，以正其目标，而大其心量。目标既正，心量既宏，恐惧空虚浮泛而不实，故先之以治国齐家，而言其所厚者薄而其所薄者厚、未之有。则圣人虽有明明德于天下之志，而不责初学以泛爱天下，而极其感于人人也。将欲齐治，尤必先之以修身，而言本乱而末治者否矣。身不修不可以齐其家也。身之不修，又推本于心之不正。亲爱贱恶等之辟，由于忿懥恐惧等之有所著也。此等的是洗心退藏一段大功夫。而欲心之正，又必始之以意之诚。意也者，非徒泛尔一情之注，实乃欲明明德于天下之宏愿，几经抉择发奋而有立之志也。此志为主，不甘居下流，而自强不息，而后可以言意之诚。故有戒慎恐惧之功，有慎独毋自欺之行。然后暗然日章，收至诚不息之效。然欲诚其意者，又非徒强制其心而已矣。意之何以必诚，心之何以必正，身之何以必修，家国天下何以必齐治平？与其如之何诚之正之修之齐治均平之。必通达其理，所谓致知也；必躬行其事，所谓格物也。由致知以格物；因格物而吾之知益致。待至物格而后知至，知至而后意诚，意诚而后心正，心正而后身修，乃至天下平。故曰物有本末，事有终始。仁者交用，勇以成之。欲明明德于天下、乃至治国齐家，仁之事也。所以收明之之功得齐治之效者，则皆诚意致知格物之力，所谓知勇之用也。格物致知，智之事也；诚意贯注而不息，勇之事也。非恻然悲愍之大仁，无以发动其勇知；非决然明断之勇知，又何以成就大仁之伟业哉！中庸曰：智仁勇三者天下之达德也。孔子亦曰：君子之道三，知者不惑，仁者不忧，勇者不惧。今严先生唯以一情释心意知物，而更无知勇以成之，其德孤矣，未见其可也。以极感下手，工夫觉其浮泛；一感了事，又觉其太单调。是则圣学可无切磋琢磨之功，王道可无劳心焦思之务也。吾受严先生之提示甚多，因而益悟大学之所谓致知格物者，天下国家身心意皆物也，平治齐修正诚皆格也。所以格之之方法智慧皆知也。明其理，行其事，则致知也。三纲也，八目也，本末始终之序也。诚意之毋自欺而必慎其独也，虚伪之无益也，有所恐惧等之不得其正也，之其所爱贱等而辟身不修而家以不齐也，乃至国不以利为利以义为利也，无一语不示人以明理大道，无一语不教人以正见正知，而皆所以示人以致知之方与格物之功也。大学是以独于格致无传，字字句句皆是格致，更何庸传乎？晦庵画蛇添足，阳明别求良知。严先生有仁无智。最近钱穆先生作格物新释，独以为人君止于仁、为人臣止于敬、为人子止于孝、为人父止于慈、与国人交止于信为格物（见思想与时代第二期）。此亦得其一而不见其全者也。

嗟夫，大学寥寥一千七百五十三字耳，简篇之错乱，义理之纷争，竟至千数百年。当今西学猖狂，无人问津之际，乃得严先生者订正其错简，亦已奇矣！更得吾格物致知说而存之，千载聚讼，真相遂明。圣学王道，灿然不紊也欤？吾新疏之外别有略释，合儒学大义大人之学章读之，庶几备也。至严先生大学辨宗、大学考释，崇论宏议，益足资人研讨。有志故国文教者，不可不读也。

1943年王恩洋

识于东方文教研究院

大学略释

大学，大人之学也。不私其身家，大仁大愿，视人如己，心量广大，而智勇又足以成就其大仁大愿，斯为大人。禹稷之视天下人之饥溺犹己饥溺之，文王视民如伤，孔子席不暇暖，以身任天下之重，是谓大人也。大人之学，则学为大人之道也。

大学之道，在明明德，在亲民，在止于至善。

明德，本心固有之善，若四端，若五常，若智若仁若勇皆是。本性明净，故名明德。然生具之善，其力未强，其量未充，有时或不免被私欲障蔽而不明。故须有明之之功，使之强大而光明，能伏除烦恼，而不为所伏，则明德明矣。民，共生息于世之人也，内则家人父子，外则国人天下之人，皆民也。亲之者，慈悯和亲，视如一体而不相外也。至善者，明德亲民之最高境界。盖明德至于纯一不二，亲民至于人我如一。又明之亲之，有其先后本末之序，不陵节而施，乃实有以见其明亲之效，斯为至善也。止也者，以至善为目的地，不到彼不止，以彼为心志之所趣向也。

　　知止而后有定，定而后能静，静而后能安，安而后能虑，虑而后能得。

　　为学必先定宗旨，知止则趣向定矣。趣向定而后心能静。静者，不纷扰于外物也。静而后能安，则心意舒适而有以自得之乐也。安而后能虑，则发生明慧，审虑事理而不惑矣。虑而后能得，则所行所为皆有成功矣。

物有本末，事有终始。知所先后，则近道矣。

明德亲民一物也，而有本有末。齐家治国平天下一事也，而有终有始。知其本始而先之。知其终末而后之，行之而不失其序，则近乎至善之道矣。其道如何？曰：

古之欲明明德于天下者先治其国。欲治其国者先齐其家。欲齐其家者先修其身。欲修其身者先正其心。欲正其心者先诚其意。欲诚其意者先致其知。致知在格物。

此即本末终始先后之道也。古之欲明明德于天下者，举古之圣人以为模范，如尧舜是也。欲明明德于天下，是大人之志愿，恫瘝在抱，悲济天下，故发斯愿。此合明明德亲民以为言也。天下之人所以纷乱忧苦而不宁者，以无人明其明德，以率领天下之人皆使明其明德故也。苟能明其明德，以率领天下之人使皆明其明德，则是明明德于天下，人皆兴于士君子之行，而天下太平，人皆得救矣。然欲天下之平，必先治其国。欲治其国，必先齐其家。亲民之道，始于近而后及于远也。欲齐其家者先修其身，正人先正己，立其本也。身者，行为动作发之于外以接人者也。修也者，整治之使不违义也。欲修其身者先正其心，身之不修由心之不正，心为身之主也。欲正其心者先诚其意，意志不诚有时放逸，则妄念起而心不正。意诚而不放逸，则心常有主，妄心不生，而心正矣。欲诚其意者先致其知，明慧常照，则有不善未尝不知，知之未尝复行；其善者亦未尝不知，知之则拳拳弗失。审察克治存养之功，必致其知也。又必明于事理，通达人情，了知天下国家治乱兴亡之故，与所以修齐治平之方，而后有以修齐治平之。故必先致其知，而后欲明明德于天下之志始得而成也。故欲诚其意必先致其知。致知在格物。物，合身心意知家国天下以为言。格之云者，通其理，达其情，错置得所调御得宜也。致知格物，合知与行以为言。将欲诚其欲明明德乃至欲诚其意之意志，故必有学问思辩之功。必有躬行实践之效，此知此行之所对则家国天下身心意知之物也。致吾之知以格物，有以究其理而践其事，则吾之知始至，故致知在格物。此中身有修不修故修之。心有正不正故正之。意则志愿之正者也。故唯诚之，使无间断而坚定。知则知慧之明者也，故致之，以充其量而著之行事也。秉其诚意，致其明知，以格正事物，此修身正心之功夫，而齐治均平道亦系乎此矣。物即天下国家身心意之物，格即平治齐修正诚之功。所格者物，能格者知。致知即在格物。故格致是一事，而除诚意正心乃至治国平天下以外别无致知格物。故后诚正修齐治皆有传，而格致无传，以一切一切皆格物致知之事故也。

物格而后知至。知至而后意诚。意诚而后心正。心正而后身修。身修而后家齐。家齐而后国治。国治而后天下平。

上节言次叙，此节言功效。先后不失其序，则为之于此者，功见于彼，不唐劳也。既物格而后知至，则致知在格物也。国治而后天下平，则欲明明德于天下者必先治其国也。反复言之，决定其道之必如此也。

自天子以至于庶人，壹是皆以修身为本。其本乱而末治者否矣。其所厚者薄，而其所薄者厚，未之有也。（古本此句下为"此谓知本"、"此谓知之至也"二句。今依严立三先生考订，移于"大畏民志此谓知本"句下。而移"诗云瞻彼淇澳"各节于诚意章前。）

　　明明德于天下以修身为本，本乱则末不治，齐治均平皆虚言也。亲天下之民必先孝于父、弟于兄、慈于子女。其所厚者薄，家人父子之不亲，而其所薄者厚，谓能亲天下之民，未之有也。或谓唯天子有平天下之责，何以云庶人皆以修身为本欤？曰：天下兴亡，匹夫有责。庶人有德，亦足风轨万世，孔孟是也。人人亲其亲、长其长而天下平，天子者，为众人之领袖，岂治国平天下之责唯在一人哉？故大学期于人人皆明其明德，皆亲其所亲，然后天下乃真平治也。

　　上来各节言大学之道已备。下复引诗书之言以证明此修身为本之义。

　　诗云：瞻彼淇澳，菉竹猗猗。有斐君子，如切如磋，如琢如磨。瑟兮僴兮，赫兮喧兮。有斐君子，终不可喧兮。如切如磋者，道学也。如琢如磨者，自修也。瑟兮僴兮者，恂慄也。赫兮喧兮者，威仪也。有斐君子，终不可喧兮者，道盛德至善，民之不能忘也。诗云：於戏！前王不忘。君子贤其贤而亲其亲，小人乐其乐而利其利，此以没世不忘也。（澳，於六反。菉，诗作绿。猗，读阿。侗，下板反。喧，诗作咺。喧，诗作谖。於戏，读乌呼。）

诗卫风淇澳之诗也。淇水之隈，菉竹猗猗然美盛，以兴君子之德，斐然有文彩也。君子，卫武公也。武公老而好学，国人美之，故作此诗。切以刀锯，琢以椎凿，皆裁物使成形器也。磋以鑢锡，磨以沙石，皆治物使滑泽也。治骨角者既切而复磋之，治玉石者既琢而复磨之，以喻君子之道学也。博学审问慎思明辨以益其精详。其自修也，审察克治存养扩充以求纯一，不半途中辍小成自足也。瑟，严密貌。侗，武毅貌。戒慎常存，则持心严密；操守有定，则当事武毅。赫，盛火貌。

喧，大言也。由其内具瑟僩恂栗诚敬之功夫，故发而为赫喧可畏可像之威仪，其容不改，出言有章也。如此有斐之君子，道盛德至善，故民之不能忘也。下复引周颂烈文之诗，而著民之所以不能忘之之故，曰：君子贤其贤而亲其亲，小人乐其乐而利其利，此以没世不忘也。於戏，叹美也。前王。指文武也。盖能修其身者，既道学以致其知，复自修以践其实，内存戒慎而操守有恒，外著威仪而民心仰望，如此身修之君子，自能安人以利家国天下，风行草偃，民受其福，是以君子贤贤亲亲，小人乐乐利利，而没世不能忘焉。有其本，末随至矣。

康诰曰：克明德。太甲曰：顾諟天之明命。帝典曰：克明峻德。皆自明也。汤之盘铭曰：苟日新，日日新，又日新。康诰曰：作新民。诗云：周虽旧邦，其命维新。是故君子无所不用其极。（諟，古是字。峻，书作俊。）

《康诰》，《周书》。《太甲》，《商书》。《帝典》，《尧典》，《虞书》。《诗》，《大雅·文王》之诗也。顾，念也。天之明命，福佑有德而覆灭无道，其命甚明，无差迕也。顾念弗忘，则不敢不修其明德以迓天休而避天罚也。皆自明也，言三篇之言皆重在自明其明德也。盘，沐浴之器，去不洁也。人之洁其心也，亦当如沐浴然。故为之铭，以自警也。苟日新、日日新、又日新，言君子之修身明德日新不已以进至于光明也。夫能自明其德以日新者，亦能鼓舞兴起夫人民，治理光大其邦国，而使民为新民，国为新邦，故复引《康诰》作新民，《诗》旧邦维新之文以见明德修身为新民新国之本也。明德则日新而不已。亲民则作起新民格而化之，非但亲爱之而已矣。是故明德亲民二者无所不用其极也。

诗云：邦畿千里，维民所止。诗云：缗（诗作绵）蛮黄鸟，止于丘隅。子曰：于止，知其所止，可以人而不如鸟乎！诗云：穆穆文王，於（读乌）缉熙敬止。为人君止于仁，为人臣止于敬，为人子止于孝，为人父止于慈，与国人交止于信。子曰：听讼吾犹人也，必也使无讼乎！无情者不得尽其辞，大畏民志。此谓知本。此谓知本，此谓知之至也。

《诗》，《商颂·玄鸟》《小雅·绵蛮》《大雅·文王》之篇。邦畿千里，王者所都。王者作而仁政行，仁政行而民归止。绵蛮，鸟声。丘隅，丘陵之边隅，高且远，可以远祸害，故黄鸟止之。夫马犹择地而止，可以人而不择正道以行乎。人之所宜止者何耶？曰：明德亲民之善道耳。穆穆，深远肃静也。於，叹美词。缉，继续而不息。熙，明智无所蔽。敬，修德不懈。止者，守道不迁。此明明德之功也。文王以之父慈、子孝、君仁、臣敬、交人以信，此明德以亲民之道也。一人之身，对臣则君、对君则臣、对父则子、对于则父、对友则友，故仁敬慈孝忠信者人所共止之善道也。夫能缉熙敬止以修己，仁敬慈孝忠信以亲民者，则人必格化，耻于为非，相敬相亲，而狱讼止息也。故孔子曰：听讼吾犹人也。判曲直，公是非，使民无冤抑，吾亦不能有过于人。若夫正本清源，正己而物正，使民兴于善，大畏其志，有耻且格，不敢尽其无情之辞，使狱讼不起，斯为圣人之志也。如此乃为知本。此谓知本，此谓知之至也。言夫明知之圣盛，以知本为至。王者之治，异于霸功。彼才智之士，徒竭聪明智慧于赏罚禁令政制法度之间而忘修身立德之本者，非知之至，小智耳。

以上共一章，总论大学至善之道也。自下别释诚意共五章。无格物致知章者，此章及下诚意正心修身齐家治国平天下，皆是格物致知之事也。

所谓诚其意者，毋自欺也。如恶恶臭，如好好色，此之谓自谦。（谦读慊。苦劫反。快也足也。）故君子必慎其独也。小人闲居为不善，无所不至，见君子而后厌然，掩其不善而著其善。人之视己，如见其肺肝然，则何益矣。此谓诚于中，形于外。故君子必慎其独也。曾子曰：十目所视，十手所指，其严乎。富润屋，德润身，心广体胖。故君子必诚其意。

此第二章释诚意也。夫既志于作大人，学为大人之学者，则必常念在念、戒慎恐惧、殷重恳至以诚其意，不可须臾放逸以自欺也。自欺云者，本志则在明明德亲民止至善，今行也而违之，是自欺其本心也。如何乃不自欺？曰：内外如一、言行一致、隐显不二、始终不异，则不自欺矣。如恶恶臭，如好好色。恶臭自恶，好色自好，表里如一，岂待勉强。如人之于明德亲民也亦如是。则俯仰无愧，中心无慊而快足矣。诚意者如是。诚意之功当于何始？曰：自慎独始。盖稍有愧心者，于大庭广众莫不谨其言行，然私居独处则不免放逸。倘为大人之学者，其行为亦但色庄而已，则意不诚矣。故君子必慎其独。独能慎，则无所不慎，言行皆真，力行不懈矣。下举小人之虚伪无益，愈以警惕君子。厌然，愧心起，自厌其所为也。曾子之言，谓私居独处，勿谓无人知之，实十目视之、十手指之矣。《易》曰：君子居其室，出其言善，千里之外顺之，况其迩者乎。居其室，出其言不善，千里之外违之，况其迩者乎。一言之发，千里顺违。因果之效，必然不易。存之心，形之貌，动乎迩，见乎远，隐微之地，又岂但十目十手之严而已哉！既隐显之本如一，故君子无所不用其诚意也。富润屋，德润身，心广体胖，并言因果必应之效。盈天地间一诚而已矣，无所容伪也。小人徒自欺耳。

　　所谓修身在正其心者：身有所忿懥，则不得其正，有所恐惧则！不得其正，有所好乐则不得其正，有所忧患则不得其正。心不在焉，视而不见，听而不闻，食而不知其味。此谓修身在正其心。

　　此第三章释修身在正其心也。心之不正则有所忿懥等是也。大人之心，寂然不动，感而遂通。无事，坦然平静而无系累；临事，当前顺应而无滞碍。不萦萦绕绕为物役，为境困也。常人之心不然，随境之顺违，而爱憎之情生。憎之故忿懥而怒也。怒之而力不胜，则反恐而惧之也。爱之故好乐之。心好乐之而不可必得，则忧患之也。非唯役志于当前，又且劳神于梦寐。奥堂寂寞，而情扰于所思。一枕清闲，而魂惊于仇对。心有所著，驯至于视而无见，听而无闻，食不甘味，寝不安席，颠倒纷纭，可笑可悯。此心之有所忿懥等而不得其正者也。有所云者，劳心以逐物也。不正云者，不唯贪嗔而染污，又且颠倒而迷乱也。云何忿懥？嗔为之也。云何好乐？贪为之也。再加之以利害得失之愚痴，则恐惧忧患起矣。此心之染污也。贪嗔痴极，逐物已甚，则迷乱而颠倒，是非不辨，黑白不分，乃至身心无寄，而心死矣。哀莫大于心死。心不在则视无见，听无闻，食不知味，行尸走肉，身何由修乎。放大人之学，必正其心。外不役于境物，内不扰于贪嗔，淡然无欲，寂然无累，莹然常照故能应物当理喜怒哀乐皆中节，能以心转物而物不能转其心。故能修其身而治国平天下矣。文王之无然畔援，无然歆羡，诞先登岸，乃能一怒而安天下之民。舜禹有天下而不与。大人之能平治天下者，亦不以天下累其心者也。

所谓齐其家在修其身者：人之其所亲爱而辟

焉。之其所贱恶而辟焉。之其所畏敬而辟焉。之其
所哀矜而辟焉。之其所敖惰而辟焉。故好而知其
恶、恶而知其美者天下鲜矣。故谚有之曰，人莫
知其子之恶，莫知其苗之硕。此谓身不修不可以
齐其家。

此第四章释齐家在修其身也。身之不修，好恶不
合于理，爱憎不当其情，唯凭私意以行而不知大公平等
待人故也。故之其所亲爱而辟，乃至之其所敖惰而辟。
之，于也。辟，僻也。敖，傲也。夫一家之人非所畏
敬，即所哀矜，皆所应亲爱者也。乃有所亲爱，复有所
贱恶。有所畏敬，复有所敖惰。虚妄分别，已不合理，
又复于其所爱所恶等而加之以辟，爱不知其恶，憎不知
其善，则长恶嫉善必不免也。如此爱憎任情，违理失
义，一家之中怨憎违连而家必不齐也。齐也者，同心一
志，共趋善道也。辟则不公不正，而昧于是非，善恶颠

倒，家何能齐？子恶之不知，溺于爱也。苗硕之不知，贪无厌也。溺爱贪得不仁也。美恶不知不智也。情有所著，则智必昏。故君子闲邪存诚，必有超然自得之行持而后有领袖群伦之事业也。

所谓治国必先齐其家者，其家不可教而能教人者，无之。故君子不出家而成教于国：孝者所以事君也，弟者所以事长也，慈者所以使众也。康诰曰：如保赤子。心诚求之，虽不中不远矣。未有学养子而后嫁者也。

自下第五章释治国必先齐其家也。初言治国必本于齐家之心。家何以齐？孝弟慈而已矣。于父尽吾孝，于兄尽吾弟，于子孙尽吾慈，吾之所以自尽者无不善，则父母兄弟子孙无不顺，如是而情义浃洽，家自齐矣，岂有其他妙法哉？既能养得此孝弟慈仁之心，则举之以事君事长使众而皆能。盖苟有是心，则事无不办。故举保赤子以为证。对赤子而有哀矜长养之心者，则虽不习于养育保护之方，自能保护养育之而无失。故女子未尝学养子，而嫁后自知养其子。情之所钟，意之所系，心诚以求，其有不中于理者亦不远矣。故治国者不以其才，而以其德。德不至，则心不诚。贪官滑吏，明于法律，习于政务，而因法以为奸。付之以人民，鱼肉之而已矣。仁人为国虽未习于政法，自足托孤寄命。奚以辨其为仁人非仁人耶？问其是否孝子弟弟慈父而已矣。

一家仁，一国兴仁。一家让，一国兴让。一人贪戾，一国作乱。其机如此。此谓一言偾事，一人定国。尧舜帅天下以仁，而民从之。桀纣帅天下以暴，而民从之。其所令反其所好而民不从。是故君子有诸己而后求诸人，无诸己而后非诸人。所藏乎身不恕而能喻诸人者，未之有也。

故治国在齐其家。

次言能齐其家者自有治国之效。人群相处，互作增上，为善为恶，情相感也。故一家仁让，而一国随之。一人贪戾，而一国作乱。故一言足以偾败事业，而一人足以安定国家。此就为君上执国秉政者以为言，故下引尧舜桀纣以为证。盖其位既高，则易收风行草偃之效。虽然，天下兴亡，匹夫有责。集人成家，集家成国，风俗之厚薄，社会之理乱，人皆有力焉，所谓共业招感者是也。若夫圣人，虽不当位，而为百世之师，顽廉懦立，闻风兴起，更何疑乎？次更言感人必以其诚。尧舜桀纣之仁暴，皆以实感也。若夫所令而反乎其所好，如五霸之假仁义以号召天下，则天下亦以伪应之。屈于势而暂从，势去而叛之，不可恃也。令者，口之所言。好者，意之所悦。令好相反，伪也。是故君子有诸己而后求诸人，无诸己而后非诸人，藏身不恕，则人不能喻。不喻则不应也。故治国在齐其家。圣贤之道与霸者异也。

诗云：桃之夭夭，其叶蓁蓁，之子于归，宜其家人。宜其家人，而后可以教国人。诗云：宜兄宜弟。宜兄宜弟，而后可以教国人。诗云：其仪不忒，正是四国。其为父子兄弟足法，而后民法之也。此谓治国在齐其家。

次引《诗》证成，《周南·桃夭》《小雅·蓼萧》《曹风·鸤鸠》等篇之辞也。夭夭，少好貌。蓁蓁，美盛貌。之子，此子也。妇人以夫家为家，故以嫁为归。宜，和善也。忒，差也。各诗总是证君子不出家而成教于国之意。故君子之治国，重德化而不重政令也。

所谓平天下在治其国者：上老老而民兴孝，上长长而民兴弟，上恤孤而民不倍，是以君子有絜矩之道也。所恶于上，毋以使下；所恶于下，毋以事上。所恶于前，毋以先后；所恶于后，毋以从前。所恶于右，毋以交于左；所恶于左，毋以交于右。此之谓絜矩之道。

此下第六章言平天下在治其国也。反情以当理，推己以及人，如持规矩而不昧于方圆，故曰絜矩之道。孔子曰："所求乎子以事父未能也，所求乎臣以事君未能也，所求乎弟以事兄未能也，所求乎朋友先施之未能也。"常人之情，每奢于求人，而俭于求己。厚于责人，而轻于责己。是以情理不通，而施受皆妄。君子则忠恕以存心，己所不欲，勿施于人，则一切恶行止矣。己欲立而立人，己欲达而达人，则一切善行立矣。情意既通，而所行皆当，其于治平之道也何难！絜矩之道，忠恕也。忠恕为仁之方也。圣人之于天下不敢自大自是自尊以治人，但自反自克自治自修以化民，人我平等，而忘己为人。故曰：出门如见大宾，使民如承大祭，己所不欲，勿施于人，在邦无怨，在家无怨，此之谓絜矩之道。

诗云：乐只君子，民之父母。民之所好好之，民之所恶恶之，此之谓民之父母。诗云：节彼南山，维石岩岩。赫赫师尹，民具尔瞻。有国者不可以不慎。辟则为天下僇矣。诗云：殷之未丧师，克配上帝，仪监于殷，峻命不易。道得众则得国，失众则失国。是故君子先慎乎德。有德此有人，有人此有土，有土此有财。有财此有用。德者本也，财者末也。外本内末，争民施夺。是故财聚则民散，财散则民聚。是故言悖而出者亦悖而入，货悖而入者亦悖而出。康诰曰：惟命不于常。道善则得之，不善则失之矣。

次言得国先在得民也。如何得民？与民同好恶而已。民好则好之，当与之兴利也。民恶则恶之，当与之除害也。舜禹之勤劳民事，有天下而不与焉。乃至文武成康皆是也。故《小雅·节南山》之诗曰："乐只君子，民之父母。"乐只者，凯弟和易，可乐可亲也。德施于民也厚，视民如子女之亲，则民亦父母之也。亲爱之不遑，忍畔离之乎。若夫赫赫之师尹，不公不正，敛怨为虐，则民亦怒目而视之。故《小雅·节南山》之诗言之如彼。民具尔瞻者，怒之则思僇之矣。故曰：有国者不可以不慎。载舟覆舟，敢以为戏乎！再引《大雅·文王》之诗以著殷之所以兴亡。其未丧师，则克配上帝。及其丧师，则天下以亡。丧，失也。师，民众也。峻命，国命也。得之不易，守之不易，唯系乎民耳。怀民以德，故君子先慎其德也。而人之所以不修其德者，以贪财也。为富不仁也，为仁不富也。虽然，财亦岂必所恶？有德此有人，有人此有土，有土此有财，有财此有用。是有德者斯有财也。不立其德而徒贪其财，则剥削人民以利自己，人心离散，国无与守，财亦恶从而得。本末轻重，不可乱也。外本，轻弃其德也。内末．贪重其财也。贪心一起，民心随之互争夺于财利，是争竞其民而施其劫之风，国不乱亡得乎？财聚则民散，财散则民聚也。言悖而出者亦悖而入，违理之言出诸口，人必以恶言报之也。货悖而入者亦悖而出，多聚者厚亡，人思劫夺也。惟命不常，兴亡之际，可不慎乎！

楚书曰：楚国无以为宝，惟善以为宝。舅犯曰：亡人无以为宝，仁亲以为宝。秦誓曰：若有一个臣，断断兮无他技，其心休休焉，其如有容焉。人之有技，若己有之，人之彦圣，其心好之，不啻若自其口出，寔能容之，以能保我子孙黎民，尚亦有利哉。人之有技，媢疾以恶之。人之彦圣，而违之俾不通。寔不能容。以不能保我子孙黎民，亦曰殆哉。惟仁人放流之，迸诸四夷，不与同中国。此谓唯仁人为能爱人，能恶人。见贤而不能举，举而不能先，命也；见不善而不能退，退而不能远，过也。好人之所恶，恶人之所好，是谓拂人之性，菑必逮夫身。是故君子有大道，必忠信以得之，骄泰以失之。

此言进贤退不肖也。楚书曰见国语。舅犯曰见檀弓。两语皆重德不重货财之意。承上文以为言也。秦誓以下乃用人之道也。国以民立，民以贤治。无贤人则君无辅而民无依，故得民尤贵得贤也。贤者以何为标准？曰：以德量为准，而不以才能为准。故秦誓云一个，书作一介。介臣，耿介之臣也。断断，诚一，又忠悫也。

技，才艺。休休，宽闲无城府也。彦，美善。圣，明智
也。不啻，犹言不但。不啻若自其口出者，言其好贤之
心，犹过于自其口出之赞扬也。媢疾，妒嫉也。迸，摒
斥也。命也之命，慢之错文。秉国政者须当有好善之
心，容人之量，乃能延揽英才，各尽其能。使野无遗
贤，国无废事。故曰：好善优于天下。断断无他技，休
休如有容，不自有其才，而人之有技若己有之。人之彦
圣而好之，大公无我者也。不必遂无技也，不有其技
也。以能问于不能，以多问于寡，有若无，实若虚是
也。此以容纳天下之善，尽群贤之才，岂不伟哉！故能
保子孙黎民，长治而久安也。若夫嫉才害贤之徒，非必
遂无才也。虽有过人之才，岂能以一人办一国之事？既
不能独办，则必朋引庸碌无能谗谄面谀之人，以供其指
挥奔走。使君子在野，小人在位，民弃不保，不亦殆
哉！故仁人必放流之，如舜之去四凶是也。故唯仁人能
爱人，爱贤，仁也；能恶人，恶不善，亦仁也。不善不

去不远，贤者不举不先，是不能爱人，不能恶人者。岂唯慢过，直是不仁。好人之所恶，不善者人所同恶，不退不远而好之也。恶人之所好，贤者人所同好，不举不先娟疾以恶之也。此则拂逆人情，违德失众，菑祸必及其身。古之大奸大恶孰有免者。君子有大道，保民治国利用安身之道也。忠信以得之，固守恒德，忠于国而信于人则得道矣。骄泰以失之，予智自雄，恃才傲物，妒贤害能，则失道矣。

生财有大道，生之者众，食之者寡，为之者疾，用之者舒，则财恒足矣。仁者以财发身，不仁者以身发财。未有上好仁而下不好义者也，未有好义其事不终者也。未有府库财非其财者也。孟献子曰：畜马乘，不察于鸡豚；伐冰之家，不畜牛羊；百乘之家，不畜聚敛之臣。与其有聚敛之臣，宁有盗臣。此谓国不以利为利，以义为利也。长国家而务财用者，必自小人矣。彼为善之，小人之使为国家，蓄害并至，虽有善者，亦无如之何矣！此谓国不以利为利，以义为利也。

此生财之道以义为利也。贪财固为善，而财为国所须亦必有以生之也。生之自有大道，不必聚敛以营私也。生之者众，流民游惰必使各务正业也。食之者寡，冗官闲曹十羊九牧民力不堪，在所必去也。为之者疾，不夺民时，必使事为之备，使疾赴其期也。用之者舒，舒，宽裕也。取于民者还以用之于民，不储积于己。庶事皆兴废疾得养也。则民心悦服民益聚，而财日丰，故财恒足矣。仁者以财发身，泽施于人，身荣显，国治安矣。不仁者以身发财，疲役身心以事积畜，为守财虏也。未有上好仁而下不好义，不遗其亲，不后其君，亲其上，死其长，义也。未有好义而其事不终，长治久安，事有终也。未有府库财非其财，百姓足君孰与不足也。自府库之外别聚私财，则自不以国为己国，人亦将弃之也。孟献子，鲁大夫。畜马乘，士之初仕为大夫者，大夫不徒行故畜马乘。既畜马乘则不察鸡豚之微以与民争利也。伐冰之家，卿大夫以上，祭用冰者。则不畜牛羊，人贵知足，利益应使人共享之也。百乘之家，有采地者。聚敛之臣，剥削民众者也。盗臣，盗财货者也。失财之害小，损民则失义其害大，故与其有聚敛之臣，宁有盗臣也。长国家而务财用者必自小人倡之。如善其言而使小人为国家之政，则聚敛掊克，终至于众叛亲离，国乱民偷，天灾人害并至，虽有仁善之人亦莫之能救，国必亡矣。故为国者不以利为利，上下交征利而国危，何利之有？以义为利，有德有人有土而财用亦不匮，何利如之！义利之辨，治乱存亡之所系也。故再三叮咛以言之，为国者可不慎哉！

　　上大学略释竞。大学，盖孟子以后醇儒所作。明大人之学，条理规模灿然明备。程朱自礼记提出，并中庸论孟称为四书，为学人之宝典，宜也。唯旧本有错简，程朱改之补之而不当。阳明复仍古本。其争执之交点，则在致知格物。诸儒诤讼，闻有七十余家。严立三先生定正错简，天衣无缝，得未曾有。曾作大学辨宗、大学考释。论议宏伟，所见在宋明儒之上。然洋犹未能同意其格致之说。严先生谓致知者，极吾之感。格物者，通物之情也。人情本自相通，不极其感则不能通。苟能通之则人我一体，天下归仁矣。吾则谓感不可极，感物而动，好恶无节，不能反躬，天理灭矣。有所忿懥好乐之不得其正，之其所亲爱贱恶而辟，何能通乎物情，人我一体耶？若夫知无不良，感无不通，则是洗心退藏寂然不动以后事。如孔子之耳顺从心不逾矩者始能，非是初学下手二工夫也。且既有明明德于天下之志者，对于身心国家自不能不有所了知。正之修之齐之治之之道，尤不可不博学审问慎思明辨而笃行之以见诸实际。此则皆致知格物事也。所谓知者，即知所先后，此谓知本之知，明慧是也。正知是也。非情感也。然吾与朱子异者，彼之物，凡天下之物草木禽虫地天文皆是也。彼之知，一切知识也。如此则太泛滥，何与于诚意正心修齐治平之事哉？吾则谓物为意知身心家国天下之物，知即所以诚意正心修身齐治平之知。致吾之知以格物，即尽吾之才智以实际诚正修齐治平而使之诚焉正焉修焉齐治平焉，则物格而知至矣。合知行，兼体用，此亦与阳明致吾之知以格物，正其不正以归于正之说不同而有同者也。若然，则大学何以不详言之？曰：从大学之道起至以义为利也，皆示人以如此以致知，如此以格物，句句是格致也。示之以大学之道也。示之以先后之序也，示之以此谓知本也，示之以诚正修齐治平之功夫也。深思而力行之，举一以反三，因其所言悟所未言，不徒以言而身体之，此非格物致知乎？以其句句皆是，是以不更释也。今因严先生定正之本而别为释，以求正于天下也。余别有儒学大义大人之学章，十义分别，可与此互参也。

或谓大学何以不别言平天下耶？曰：能治其国者始能平天下。且平天下亦不外此治国之道，故不另也。又霸者以正治国，以奇用兵，善战术，连诸侯，辟草莱，如今之侵略国家之征服天下者然，则于治国之外有平天下之道也。此以我之国力谋略平天下者也。大人不以智勇征服天下，唯以仁义领导天下，天下归往谓之王，伐暴救民不为私利，故视国如家，视家如身，视天下如国，无二道也。德未至，时未至，则不预为天下之谋。德已至，时已至，则举而错之而已矣。大学之言政，全是仁义忠恕之流行，更无半句钳制人民、侵略异国事，此不可不知者也。又大学诚意正心修身三章，其超然绝待之意，非明于佛理者，不易了知。吾谓行深般若，佛法之致知也。照见五蕴皆空度一切苦厄，格物也。能出世而后能入世。孔子之毋意必固我，不忧不惑不惧，故能学不厌、教不倦、忘忧忘年，栖栖然知其不可而为之也。此亦不可不知也。如无此心境，则在家而家累，在国而国累，在天下而天下为累，何能齐治均平哉？往圣皆有洗心退藏反本归寂之功，而后儒忘之。此孔子以后所以无圣人者乎！

1943年王恩洋

识于东方文教研究院